职业教育新能源汽车专业"互联网+"创新型教材

新能源

汽车维护

天津职业技术师范大学
汽车职业教育研究所 组编

主　编　李元群　黄春耀　陈永进

副主编　江连禧　张经友　汪运建

参　编　李燕玲　邢天宇　阮华旻　申荣卫

机械工业出版社

本教材采用基于工作过程的教学方法开发，内容以典型工作任务为载体进行组织，主要包括新能源汽车维护准备、电驱动系统维护、辅助系统维护三个学习情境。每个情境还包含若干学习单元，每个学习单元以实际工作任务导入，理论知识包含共性知识和个性知识，实践技能部分以吉利 EV450 车型为例。

本书适合于开设汽车维修类专业的职业院校使用，也可以供汽车技术培训机构使用，同时也可作为汽车维修从业人员学习参考书。

本书配有电子课件、二维码视频、任务工单及答案等教学资源，凡使用本书作为教材的教师，均可登录机械工业出版社教育服务网 www.cmpedu.com 注册免费获取，也可加 QQ：1006310850 咨询获取。

图书在版编目（CIP）数据

新能源汽车维护/李元群，黄春耀，陈永进主编.
—北京：机械工业出版社，2021.8（2025.7重印）
职业教育新能源汽车专业"互联网+"创新型教材
ISBN 978-7-111-68504-3

Ⅰ.①新… Ⅱ.①李…②黄…③陈… Ⅲ.①新能源—汽车—车辆修理—职业教育—教材 Ⅳ.①U469.707

中国版本图书馆CIP数据核字（2021）第118038号

机械工业出版社（北京市百万庄大街22号　邮政编码100037）
策划编辑：于志伟　责任编辑：于志伟
责任校对：陈　越　封面设计：张　静
责任印制：郜　敏
北京瑞禾彩色印刷有限公司印刷
2025年7月第1版第6次印刷
184mm×260mm·9印张·144千字
标准书号：ISBN 978-7-111-68504-3
定价：42.00元

电话服务　　　　　　　　网络服务
客服电话：010-88361066　机 工 官 网：www.cmpbook.com
　　　　　010-88379833　机 工 官 博：weibo.com/cmp1952
　　　　　010-68326294　金 书 网：www.golden-book.com
封底无防伪标均为盗版　机工教育服务网：www.cmpedu.com

☒ 前言 ☒

2015 年 10 月 30 日，国家工信部正式发布《〈中国制造 2025〉重点领域技术路线图（2015 版）》，明确提出纯电动和插电式混合动力电动汽车、燃料电池电动汽车是国内未来在新能源汽车领域的重点发展方向。2016 年 10 月 26 日中国汽车工程学会《节能与新能源汽车技术路线图》的发布再次对新能源汽车技术发展提出了更为明确的思路和路径。

随着我国新能源汽车行业的快速发展，急需大批懂新能源汽车维护和维修技术的人才。目前，我国职业院校肩负着培养新能源汽车技术技能人才的历史重任，国内已经掀起了开设新能源汽车专业的热潮。天津职业技术师范大学汽车职业教育研究所联合职业院校、企业组织编写了本系列理实一体化教材。本书适合于开设新能源汽车专业的职业院校使用，也可以供新能源汽车技术培训机构使用，同时也可作为新能源汽车从业人员学习参考书。

本系列教材采用"基于工作过程"的教学方法进行开发。在对新能源汽车技术技能人才岗位调研的基础上，分析出岗位典型工作任务，然后根据典型工作任务提炼了行动领域，在此基础上构建了工作过程系统化的课程体系。为方便职业院校开展一体化教学和信息化教学，为系列教材配套开发了"新能源汽车专业课程及教学资源库平台"，为每一个学习单元配套开发了教学设计、教学课件、任务工单、微课视频、VR 视频、教学动画等丰富的教学资源。

本书主要包括新能源汽车维护准备、电驱动系统维护、辅助系统维护三个学习情境，每个情境下还包含若干学习单元，本书全部内容均在实车上进行了验证。每个学习单元以实际工作任务进行导入，理论知识包含共性知识和个性知识，实践技能部分主要以吉利 EV450 车型为例。

　　本书由龙岩技师学院李元群、黄春耀、陈永进担任主编，由龙岩技师学院江连禧、张经友、汪运建担任副主编，龙岩技师学院李燕玲、邢天宇、阮华旻和天津职业技术师范大学申荣卫参与编写。

　　天津闻达天下科技有限责任公司在本书编写过程中提供了大量设备和技术支持，在此表示衷心的感谢。本书在编写过程中参考了大量国内外相关著作和文献资料，在此一并向有关作者表示感谢。由于编者水平有限，难免有错漏之处，敬请读者批评指正。

天津职业技术师范大学

汽车职业教育研究所

2021.2

二维码清单

名称	图形	名称	图形
保养指示灯清零		冷却液冰点检测	
前机舱橙色线路分析		动力蓄电池外观与线束检查	
新车 PDI 外观检查		检查摩擦片	
空调滤芯检查与更换		转向盘锁止功能与自由转动量检测	
驱动电机紧固检查		高压作业前场地准备	

❖ 目 录 ❖

学习情境 1

新能源汽车维护准备

学习目标

1. 能明确新能源汽车电驱动系统和辅助系统各部件的安装位置及维护内容。

2. 能正确认识新能源汽车高压部件，保障车间的人身、设备和设施安全。

3. 能正确处理维护、维修作业中的旧件、废弃物。

4. 能明确充电作业注意事项，并规范进行充电作业。

5. 能明确新能源汽车维护场地和人员要求。

6. 能规范进行新能源汽车高压作业前场地准备。

7. 能根据吉利 EV450 纯电动汽车新车交付检查的内容进行规范的接车和销售 PDI。

学习单元 1.1　新能源汽车维护认知

情境导入

　　小李是一名刚入职的新能源汽车售后实习生，他该如何向顾客介绍新能源汽车维护的意义、类别？传统燃油车与新能源汽车的保养有什么区别？

理论知识

　　汽车维护是指保持和恢复汽车的技术性能，保证汽车具有良好的使用性和可靠性，具体来说是指定期对汽车相关部分进行检查、清洁、补给、润滑、调整或更换某些零件的预防性工作，又称汽车保养。汽车维护的目的是保持车容整洁，技术状况正常，消除隐患，预防故障发生，减缓劣化过程，延长使用周期，同时还能降低能源消耗，减少环境污染。汽车维护作业一般占维修企业70%左右的工作量。

　　传统燃油汽车的维护主要包含六大系统：发动机系统（引擎）、变速器系统、空调系统、冷却系统、燃油供给系统、动力转向系统。新能源汽车的维护与燃油汽车的维护略有不同，以纯电动汽车为例，它没有发动机系统与燃油供给系统，增加了动力蓄电池系统、充电系统、直流电压变换器（DC/DC），维护内容有所减少，费用下降。

1.1.1　汽车维护的作用

　　汽车有成千上万个零部件，每个零部件都有一定的使用寿命，延长每个零部件的使用寿命是所有车主的愿望。显然，改善零部件的使用环境，保证零部件处于最佳技术状况才能延长零部件的使用寿命。所以定期对汽车零部件或总成进行清洁、检查，对松旷件进行紧固，对运动件进行润滑，对需要保持正常技术条件的零部件进行调整，对汽车易消耗或变质的油、水或其他液体进行补给或更换，能时刻保持汽车处于良好的运行环境，处于良好的技术运行状态，汽车的寿命会大大延长。而上述所有工作正是汽车维护所包含的作业内容，所以汽车维护的目的就是保持车辆技术状况良好，延长使用寿命，确保行车安全，充分发挥汽车的使用效能，并将运行消耗降至最低，从而取得良好的经济效益、社会效益和环境效益。

图 1-1-1 所示为汽车零部件两种情况的磨损曲线，很显然，使用方法得当、维护适时的汽车磨损量少很多，寿命也将得到延长。

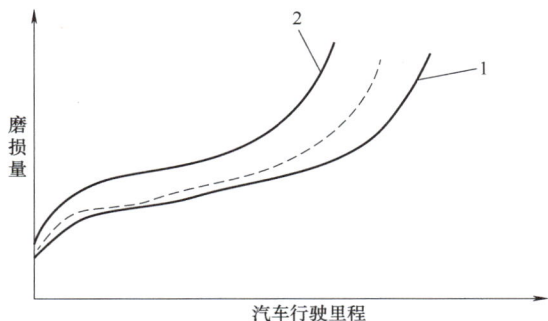

图 1-1-1　汽车零部件两种情况的磨损曲线
1—使用方法得当、维护适时的磨损曲线
2—使用方法不当、维护不及时的磨损曲线

1.1.2　传统汽车维护的作业内容

汽车维护作业的内容主要包括清洁、检查、紧固、润滑、调整和补给等几个方面，且维护范围随着行驶里程或时间的增加而逐步扩大。汽车维护作业一般不得对车辆总成进行解体，也不能对汽车各主要总成进行大拆大卸，只有在发生故障需要解体时方可进行解体操作，这也是区别汽车维护和修理的界限。

清洁、检查、补给、润滑、紧固、调整等作业包含了如下的工作内容：

1）清洁作业是为了提高汽车维护质量，以防止机件腐蚀、减轻零部件磨损和降低燃油消耗为基础，并为检查、补给、润滑、紧固和调整等作业做好前期工作准备。其工作内容主要包括对燃油、机油和空气滤清器滤芯进行清洁，对汽车的外表进行清洁养护以及对有关总成、零部件内外部而进行的清洁作业。

2）检查作业是汽车维护的重要工作之一，通过对汽车各部位的检查，以确定零部件的磨损、变异和损坏等情况。其工作内容是检查汽车各总成和机件是否齐全，连接是否紧固；是否存在漏水、漏油、漏气和漏电等现象；利用汽车上的指示仪表、报警装置以及其他随车诊断装置，检查各总成、机构和仪表的技术状况；对影响汽车安全行驶的转向、制动和灯光等工作情况应加强检查，对汽车各总成进行拆检、装配、调整时应检查各主要部件的配合间隙。

3）补给作业是指在汽车维护中，对汽车的燃油、机油及其他所有特殊工作液进行加注补充；对蓄电池进行补充充电，对轮胎进行补气等。要注意的是，必须选用合适的材料，并及时、正确地添加或更换。

4）润滑作业是为了减小各构件摩擦副的摩擦力、减轻机件的磨损所进行的作业。其工作内容包括按照汽车的润滑图表和规定周期，用规定牌号的机油或润滑脂进行润滑，各喷油器、油杯和通气塞必须配齐并保持畅通，发动机、变速器、转向器和驱动桥等应按规定补充、更换机油。

5）紧固作业是为了使汽车各部分机件连接可靠，防止机件松动。汽车在运行中，由于振动、颠簸、热胀冷缩等原因，会改变零部件的紧固程度，以致零部件失去连接的可靠性。紧固工作的重点应放在负荷重且经常变化的各部分机件的连接部位上，应及时对各连接螺栓进行必要紧固和更换。

6）调整作业是保证汽车各总成和机件能长期正常工作的重要环节，调整工作的好坏，对减少机件磨损、保持汽车使用的经济性和可靠性有直接的重要关系。其作业内容主要是按技术要求，调整相关机件，以达到恢复总成、机件的正常配合间隙及良好工作性能等目的。

1.1.3　新能源汽车维护的分类、周期及作业范围

1. 维护的分类及周期

为规范新能源汽车维修企业的经营行为，杜绝由于未掌握维修技术、不规范操作给人民生命和财产造成的危害，上海市汽车维修行业协会于2018年3月成立了"新能源汽车维修专业委员会"，同时聘请了新能源汽车维修专家。新能源汽车维修专业委员会根据协会要求，在组织有关专家对新能源汽修企业调研的基础上，制定

了《新能源汽车维护技术标准》（征求意见稿）。使用该标准请注意上述文件的时效性，如与最新的国家标准有差异，以最新的国家标准为准。

电动汽车维护周期根据营运及非营运电动汽车的使用频率进行区分，具体见表1-1-1。

2. 维护作业范围

（1）日常维护　日常维护是指以清洁、调整和安检为主要作业内容的车辆维护作业，见表1-1-2。

（2）一级维护　一级维护是指以清洁、润滑、紧固、调整和仪器检测为主的维护作业，应由二级技能技师执行。高压系统一级维护项目及要求见表1-1-3。

（3）二级维护

a.常规系统二级维护，见表1-1-4。

b.高压系统二级维护，见表1-1-5。

3. 汽车维护的周期

汽车维护周期是指汽车进行同级维护之间的间隔期（行驶里程或时间）。

汽车的维护时间根据车型的不同有所区别，在我国汽车首保时间为5000km。

关于首保时间，不同车型、不同地区，对于车辆的维护时间有所不同，有的地区要求3000km进行维护，有的地区要求5000km进行维护，首保时间不能过早，也不能过晚，最佳状况保持在5000km进行定期保养。

表 1-1-1　维护的分类及周期

序号	维修类别	营运电动汽车	非营运电动汽车	技师技能
1	日常维护	每个营运工作日	—	三类技能
2	一级维护	5000~10000km 或者 1 个月	5000~10000km 或者 6 个月	二类技能
3	二级维护	20000~30000km 或者 6 个月	20000~30000km 或者 1 年	三类技能
4	诊断维修	更换高压系统总成部件（如控制模块、电动压缩机等）；维修仅限于动力蓄电池内独立部件更换（如动力蓄电池内单元格）；高压系统部件外观损坏、变形，严禁维修更换，应报备相应主机厂		二类技能

注：维护作业间隔里程 / 时间，以先到者为准。

表 1-1-2　日常维护内容

序号	日常维护	常 规 系 统	电 动 系 统	备　注
1	清洁	车身（车窗等）	高压部件相关风冷过滤网	采用压缩空气吹扫或使用工业级吸尘器除尘
2	调整	常规工作介质（油、水、电、胎压等）	高压工作介质（制冷剂、冷却液等）	
		运动部件润滑（门窗铰链）	电动传动系统零部件润滑	
3	安检	底盘（制动、传动、悬架、转向等）	驱动电机及控制器工作状态检查	任何高压警示，立即停用处理！
		电气（灯光、照明、信号等）	仪表指示灯检视	
		电动机运转状态	动力蓄电池、电动辅助系统检查	

表 1-1-3　高压系统一级维护项目及要求

序号	项目	作 业 内 容	具 体 操 作	技 术 要 求
1	驱动电机	驱动电机冷却液的液位和冰点检查	检查驱动电机冷却液的液位和冰点，必要时添加或更换冷却液	液位在指示刻度范围内，冰点根据厂家规定的要求操作
		驱动电机安装支架	目视检查驱动电机外观与安装支架	驱动电机外观无裂纹、无破损，安装支架无歪斜开裂等故障现象，支架紧固螺栓扭矩符合出厂标准
2	动力蓄电池	动力蓄电池系统（设备）冷却风道滤网	拆卸、清洁、检查滤网	清除积尘，如有损坏或达到产品说明书要求更换条件的，更换滤网
		动力蓄电池系统状态	用专用动力蓄电池维护设备（或外接充电）对单体电池一致性进行维护	动力蓄电池系统中电池单体一致性应满足产品技术要求
		动力蓄电池系统 SOC 值校准	采用动力蓄电池专用诊断设备（或外接充电）对系统 SOC 值进行校准	系统 SOC 误差值小于 8%
		动力蓄电池安装	目视检查动力蓄电池的外观与安装支架	动力蓄电池外观无裂纹、无破损，安装支架无歪斜开裂等故障现象，支架紧固螺栓拧紧力矩符合出厂标准
		外接充电互锁	外接充电检查	当车辆与外部电路（例如：电网、外部充电器）连接时，不能通过其自身的驱动系统使车辆移动
		维修开关	手动检查维修开关	确保可靠安装并清理表面灰尘

（续）

序号	项目	作业内容	具体操作	技术要求
3	高压系统	整车高压系统故障检查	用专用解码仪检查车辆高压系统是否报故障，并对故障实施相关作业	高压系统无故障
		高压线束插接器紧固	目视检查、紧固	插接器接触面无过热、烧蚀等现象，紧固力矩满足技术要求
		高压绝缘状态	使用绝缘测试仪（1000V）检测高压系统输入、输出与车体之间的绝缘电阻	绝缘电阻≥20MΩ
		绝缘防护完整性	目视检查	高压线束绝缘防护层完整，无老化、破损
		高压系统紧固检查	目视检查、紧固	对高压箱、电机控制器等外挂式的高压系统部件检查固定力矩满足技术要求
4	高压附件系统	电动转向泵安装紧固检查	目视检查、紧固	符合紧固扭力要求
		充电系统	功能检查、紧固	低压蓄电池充电电压符合出厂标准
		电动空调压缩机状态检查	功能检查、紧固	空调制冷符合出厂标准，紧固力矩合出厂要求
		电加热暖气系统	功能检查、紧固	暖气制热符合出厂标准，紧固件的紧固力矩符合出厂要求

注：专用检测设备精度应满足有关规定。检测结果应符合国家相关技术标准或根据原厂要求。

表 1-1-4　常规系统二级维护内容

序号	检测项目
1	制动性能，检查制动力
2	转向轮定位，主要检查前轮定位角和转向盘自由转动量
3	车轮动平衡
4	前照灯
5	操纵稳定性，有无跑偏、发抖、摆头
6	传动轴，有无泄漏、异响、松脱和裂纹等现象

表 1-1-5　高压系统二级维护内容

序号	系统	项目	作业内容	技术要求
1	驱动电机系统	驱动电机	电机接线盒	无电击、烧蚀现象
			电机端三相线螺栓	无松动
			电机端三相屏蔽线	相屏蔽线与三相线无短路，绝缘电阻≥6MΩ
			电机防水插件	紧固，防水有效
			电机三相线高压电缆	波纹管无破损或老化
			电机信号线插件	紧固

（续）

序号	系统	项目	作 业 内 容	技 术 要 求
1	驱动电机系统	电机控制器	逆变器输入、输出端接线盒	无电击、烧蚀现象
			逆变器输出端三相线螺栓	无松动
			逆变器输出端三相线屏蔽线	无短路，绝缘电阻≥5MΩ
			逆变器防水插件	紧固
			输入端二相母线绝缘防护	无老化、破损、铜线裸露
			输入端二相母线螺栓	无松动
		绝缘检查	A 相对车体绝缘电阻（绝缘电阻测试仪 1000V）	≥20MΩ
			B 相对车体绝缘电阻（绝缘电阻测试仪 1000V）	≥20MΩ
			C 相对车体绝缘电阻（绝缘电阻测试仪 1000V）	≥20MΩ
			逆变器正极对车体绝缘电阻（绝缘电阻测试仪 1000V）	≥20MΩ
			逆变器负极对车体绝缘电阻（绝缘电阻测试仪 1000V）	≥20MΩ
		冷却检查	电机通风	正常
			电机冷却风扇	工作正常
			电机冷却液泵	工作正常，冷却液位在规定范围内
			冷却管路	接头无渗漏，管路无破损
2	动力蓄电池	动力蓄电池系统	系统连线	各部位电路固定可靠、整齐
			温度	温度采集数据正常
			单体电压	单体电压及数据正常，电压在规定范围内
			总电压	系统总电压在规定范围内
		电池箱	冷却风扇工作状态	工作正常
			通风冷却滤网除尘	滤网无堵塞，箱体内无灰尘
			高压线束连接端紧固	连接牢固、可靠
			箱体安装固定检查	螺栓紧固力矩符合要求
		绝缘检查	正极（输入、输出）对车体绝缘电阻（绝缘电阻测试仪 1000V）	≥20MΩ
			负极（输入、输出）对车体绝缘电阻（绝缘电阻测试仪 1000V）	≥20MΩ
		高压配电箱	高压零部件工作状态	正常
			绝缘电阻（绝缘电阻测试仪 1000V）	≥20MΩ

（续）

序号	系统	项目	作业内容	技术要求
3	高压附件系统	电动转向	工作状况	高压上电状态下正常工作
			DC/AC 输入、输出电压	符合产品说明书要求
		电动真空助力器	工作状况	高压上电状态下正常工作
			DC/AC 输入、输出电压	符合产品说明书要求
		充电系统	工作状况	高压上电状态下正常工作
			DC/AC 输入、输出电压	符合产品说明书要求
		空调压缩机	工作状况	高压上电、空调制冷状态下正常工作
		暖风系统	工作状况	高压上电、空调加热状态下正常工作

维护周期以及维护内容：汽车行驶至 5000km 时，更换机油滤清器、空调滤芯；汽车行驶至 10000km 时，更换机油滤清器、空调滤芯、汽油滤芯；汽车行驶至 15000km 时，更换机油滤清器、空调滤芯；汽车行驶至 20000km 时，更换机油滤清器、空调滤芯、汽油滤芯。具体维护内容根据车型的不同和每个地区 4S 店维护规定来决定。

汽车磨合期要注意，不要长时间急加速，尽量保持匀速行驶，车速不宜过快，这样利于档位磨合，车辆起动后原地升温，冷却液达到一定温度后再进行起步，驾驶时选择良好路面。

4. 吉利 EV450 纯电动汽车的维护周期

吉利 EV450 纯电动汽车的维护周期（表 1-1-6）是以汽车运行公里数

（10000km）为参考的，分为 A 级维护与 B 级维护。根据整车驾驶性能及供应商要求，整车将在维护时进行软件更新。

5. 特殊使用条件下的维护周期

在某些特殊工作条件下驾驶车辆，则需要更加频繁地执行维护计划中的某些项目，以便使车辆保持良好状态。车辆的特殊工作条件见表 1-1-7。

1.1.4　新能源汽车维护的人员要求

1）新能源汽车高压操作人员必须具有相应的操作资质（如低压电工证），严禁没有操作资质的人员对新能源汽车高压系统进行操作。在操作人员上岗前必须对其进行安全操作培训，严格执行安全操作规范。必须设置一名监护人员。

表 1-1-6 吉利 EV450 纯电动汽车的维护周期

类　　别	维 护 项 目	累计行驶里程 /km					
		10000	20000	30000	40000	50000	以此类推
A 级维护	全车维护	√		√		√	
B 级维护	高压、安全检查维护		√		√		√

表 1-1-7 车辆的特殊工作条件

路　　况	行 驶 条 件
颠簸、泥泞或融雪路面	重载荷行驶
	反复短距离行驶且车外温度保持在 0℃以下
多尘路面	长时间怠速和长距离低速行驶
	持续高速行驶超过 2h

2）操作人员上岗时不得佩戴金属饰品、饰物，如手表、戒指等，工作服衣袋内不得有金属物件，如钥匙、硬币、手机等。

3）操作人员不得把与工作无关的工具带入场地。必要的金属工具，在其手持部位应进行绝缘处理。

4）每次接通高压电源之前，操作人员应检查各高压元器件周边有无杂物，通知无关人员远离上述部位，接通高压时要高声提示。

1.1.5　吉利 EV450 纯电动汽车维护注意事项

1. 维护作业前的准备工作

维修人员操作前必须穿戴好绝缘防护用品，绝缘防护服、绝缘鞋、绝缘手套和护目镜，如图 1-1-2 所示，使用合适的绝缘工具，绝缘垫、绝缘工具和防静电工作台，如图 1-1-3 所示，在符合要求的维修场地（高压警示牌、高压水枪、隔离带、专用维修工位如图 1-1-4 所示）进行维修操作。

a) 绝缘防护服　　　　　　b) 绝缘鞋

c) 绝缘手套　　　　　　d) 护目镜

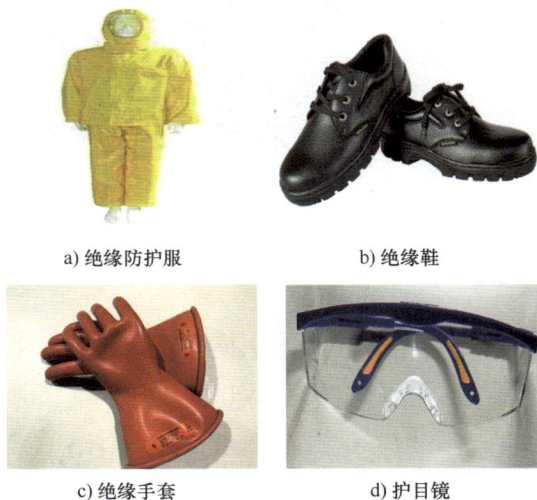

图 1-1-2　绝缘防护用品

（1）绝缘护具使用注意事项　根据工作情况选择相应的防高压电工手套或防电池电解液酸碱性手套，使用前必须检查绝缘防护用品，保证其无破损、破洞和裂纹，内外表面应清洁、干燥，不能带水进行操作，确保安全。

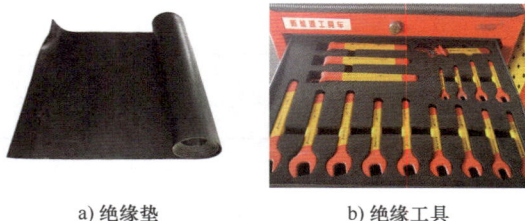
a) 绝缘垫   b) 绝缘工具

c) 防静电工作台
图 1-1-3　绝缘工具

图 1-1-4　专用维修工位

（2）绝缘工具使用注意事项

1）在维修区域垫上绝缘垫。

2）维修人员对带电部件操作时必须使用绝缘工具。

3）在断开直流母线后必须使用动力蓄电池安全堵盖将直流母线两侧端子堵住。

4）检修动力蓄电池和电控元件时

必须使用带绝缘垫的专业工作台。

5）使用前必须检查绝缘工具，保证其无破损、破洞和裂纹，内外表面应清洁、干燥，不能带水进行操作，确保安全。

（3）维修场地使用要求

1）在维修作业前需采用隔离措施：使用隔离带隔离，并树立高压警示牌，以警示不相关人员远离该区域，避免发生安全事故。

2）维修场地指定位置必须配备消防栓，使用清水灭火。

3）在维修高压设备前，将车身用搭铁线连接到电动汽车专用维修工位的接地线上。

4）安装专用的交流电路（220V 50Hz 16A）和电源插座。如果给电动汽车充电时没有使用专用电路，可能影响电路上的其他设备正常工作。

5）保持工作环境干净且通风良好，远离液体和易燃物。

2. 维护作业中的注意事项

1）拆卸零件前，必须进行仔细检查，以查出需要维修的原因。请遵守所有安全说明和注意事项，并遵循维修手册中介绍的相应步骤。

2）对拆下的所有零件做标记，且按顺序放在零件架中，以便将它们重新装配到原来的位置。

3）零件必须按照既定的维修标准，以适当的扭矩进行装配。当拧紧一组螺栓或螺母时，从中心或大直径螺栓开始，分两步或更多步以交叉方式拧紧。

4）重新装配零件时，必须更换新垫片、衬垫、O形圈和开口销。

5）为系统加注制动液时，要特别注意防止灰尘和污物进入系统。

6）在维护、维修作业时，禁止水等异物进入前机舱内。

7）避免将机油或润滑脂落到橡胶件和管路上。

8）维修车辆时不要携带自动铅笔、刻度尺之类的金属物品，以免这些物品掉落造成短路。

9）断开或暴露插接器端子后，要立刻用绝缘胶带将其绝缘。

3. 维护作业后的检查工作

1）装配后，检查每个零件的安装和工作情况是否正确。

2）更换制动液、制动摩擦片后要至少进行一次完全制动。

实践技能

1.1.6 吉利 EV450 纯电动汽车的维护内容

纯电动轿车上的用电设备分为低压用电部件和高压用电部件，低压用电部件包括仪表、音响、灯光、喇叭、蜂鸣器和鼓风机等。高压用电部件包括驱动电机、驱动电机控制器、高压电池组、高压配电箱、高压变换器（DC/DC）、车载充电机、空调压缩机、加热器（PTC）等。

1. 动力蓄电池的维护内容

新能源汽车与传统汽车在使用、维护方面有着较大差别，众所周知，电池缺乏妥善维护，是电池出现故障和安全风险的主要原因之一。良好的使用与维护是降低电源系统故障率、消除系统安全隐患的重要措施。新能源汽车电源系统的维护包括常规维护、重点维护和储存维护等。维护人员在进行操作时必须带好绝缘手套等防护用品，使用前必须熟悉动力蓄电池的结构、工作原理和使用说明书。吉利EV450纯电动汽车动力蓄电池的维护内容见表1-1-8。

吉利EV450纯电动汽车动力蓄电池位置如图1-1-5所示。

2. 充电系统的维护内容

为了延长高压电池包的使用寿命，必须定期采用均衡充电方式对高压电池包进行维护。均衡充电无须特殊操作，是指在一般充电完成后继续充电一段时间，高压电池包管理系统会对各个锂电池单体进行平衡操作。均衡充电方式可以使各个单体的电压达到基本一致，从而保证高压电池包整体性能。长期未进行均衡充电时，部分车型组合仪表界面上会出现"请充电保持高压电池均衡"的信息，以提醒用户对高压电池包进行维护。常温状态下，一般至少需要 5h 才能完成包括均衡在内的充电过程。吉利 EV450 纯电动汽车充电系统的维护内容见表 1-1-9。

充电口、车载充电机、DC/DC 的位置如图 1-1-6 所示。

表 1-1-8　吉利 EV450 纯电动汽车动力蓄电池的维护内容

总　　成	维护项目	维护内容
动力蓄电池总成	电池箱外围	电池箱箱体（含尾部挂梁）与车辆底盘的固定螺柱紧固检查
		电池箱箱体（含尾部挂梁）与车辆底盘的固定螺柱腐蚀 / 破损检查
		高压插接器公插与母插清洁度 / 腐蚀 / 破损检查
		低压插接器公插与母插连接可靠性检查
		低压插接器公插与母插清洁度 / 腐蚀 / 破损检查
		电池箱箱体划痕 / 腐蚀 / 变形 / 破损检查
		电池下箱体底部防石击胶出现的划痕 / 腐蚀 / 破损检查
	电池状态	电池状态参数 /SOC/ 温度 /cell 电压检查
		检查 Pack 绝缘阻值

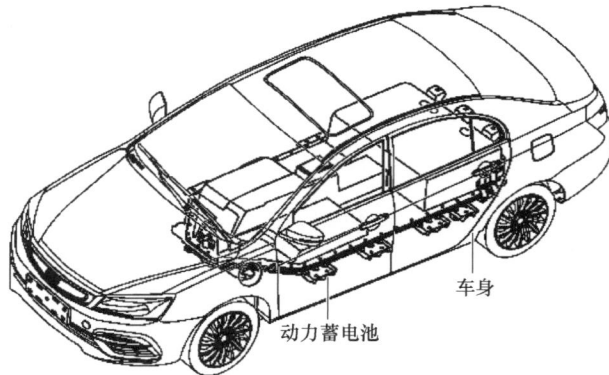

图 1-1-5　吉利 EV450 纯电动汽车动力蓄电池位置

图 1-1-6　吉利 EV450 纯电动汽车充电系统部件位置

1—车载充电机　2—驱动电机控制器　3—慢充（交流）接口　4—快充（直流）接口　5—交流充电接口应急解锁

3. 驱动及冷却系统的保养内容

新能源汽车的驱动系统主要包括驱动电机及其控制系统、变速器及驱动桥。冷却系统的作用就是通过冷却液循环散热为驱动电机、车载充电机（如配

备）、电机控制器这三大部件进行散热。驱动及冷却系统的保养主要涉及驱动电机、电机控制器、减速器、冷却系统等。吉利 EV450 纯电动汽车驱动及冷却系统的维护内容见表 1-1-10。

表 1-1-9　吉利 EV450 纯电动汽车充电系统的维护内容

总　　成	维 护 项 目	维 护 内 容
充电系统	充电口及高压线	检查并视情况处理
	车载充电机功能测试	检查并视情况处理
	DC/DC 功能	检查输出电压并处理
	快充口绝缘检测	测量快充口绝缘电阻

表 1-1-10　吉利 EV450 纯电动汽车驱动及冷却系统的维护内容

总　　成	维 护 项 目	维 护 内 容
驱动电机	清洁	清洁电机外壳体，保证无水渍、泥垢
	电机水冷系统	检查管路有无老化、渗漏
	电机机械连接紧固	检测螺栓上的漆标，若漆标位置有移动，则对螺栓进行紧固，若无则不做要求
	接地线连接	电机接地线部位的接地电阻不大于 0.1Ω
电机控制器	绝缘、接地、检测	绝缘电阻≥ 20MΩ，接地电阻≤ 100MΩ
	不可维修件，无须保养	
减速器	齿轮油	检查或更换
冷却系统	冷却液	液位检查或更换，冰点测试
	水泵及冷却管路	检查渗漏情况并视情况处理
	散热器	检查并清洁

吉利 EV450 纯电动汽车驱动及冷却系统位置如图 1-1-7 所示，图中对应的冷却系统驱动电机、车载充电机和电机控制器的冷却方式是水冷，如图 1-1-8 所示。

4. 空调系统的维护内容

新能源汽车空调系统主要包括一体式电动压缩机及控制器、空调制冷管路、PTC 加热器、热交换器、PTC 电动水泵等。其主要保养内容涉及制冷系统检查、暖风系统检查等。吉利 EV450 纯电动汽车空调系统的维护内容见表 1-1-11。

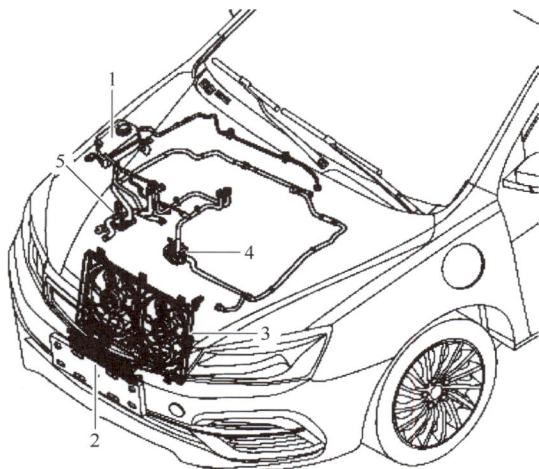

图 1-1-7　吉利 EV450 纯电动汽车驱动及冷却系统位置
1—膨胀水箱　2—散热器　3—散热器风扇
4—冷却水泵　5—三通阀

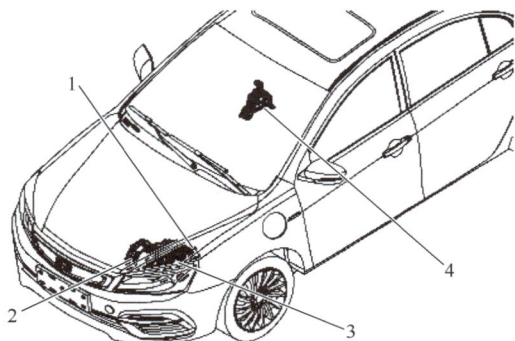

图 1-1-8　吉利 EV450 纯电动汽车驱动系统位置
1—减速器控制器（TCU）　2—减速器
3—驻车电机　4—电子换档器

吉利 EV450 纯电动汽车空调系统元件分布如图 1-1-9 所示。

表 1-1-11　吉利 EV450 纯电动汽车空调系统的维护内容

系　　统	维 护 项 目	维 护 内 容
制冷系统	电动压缩机	检查异响
	绝缘性	检查电动压缩机绝缘电阻
	制冷功能	测试并处理
	线束及插接件	检查并视情况处理
	管路及固定件	检查并视情况处理
	制冷排水口	检查并视情况处理
	空调滤芯	检查并视情况处理
暖风系统	暖风功能	测试并处理

5. 新能源汽车底盘的维护内容

新能源汽车底盘的维护内容主要包括转向系统、制动系统、行驶系统和传动系统。其主要维护内容涉及转向横拉杆防尘套检查、电动助力转向功能测试、制动液液位检查、真空泵及控制器检查、制动摩擦片检查、前后悬架及轮胎检查、更换减速器油、半轴防尘套检查等。

吉利 EV450 纯电动汽车底盘的维护内容见表 1-1-12。

吉利 EV450 纯电动汽车制动系统元件分布如图 1-1-10 所示。

1.1.7　吉利 EV450 纯电动汽车维护里程清零

1）打开车门，安装三件套。

2）打开启动开关，仪表显示行驶

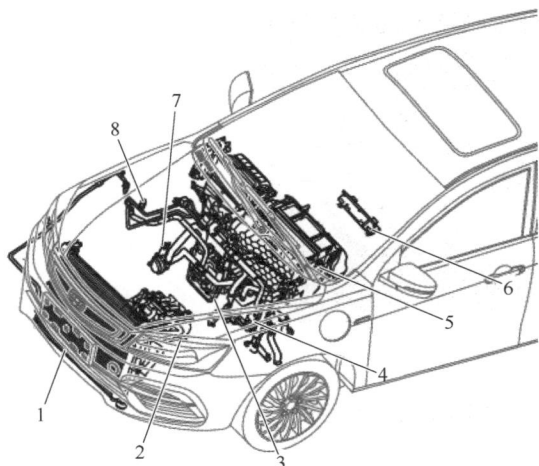

图 1-1-9 吉利 EV450 纯电动汽车空调系统元件分布
1—冷凝器 2—空调压缩机 3—PTC 加热器
4—热交换器总成 5—空调箱总成 6—空调控制面板
7—PTC 电动水泵 8—空调压力开关

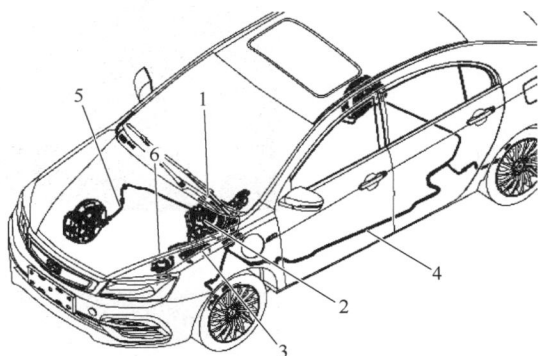

图 1-1-10 吉利 EV450 纯电动汽车制动系统元件分布
1—真空助力器总成 2—制动主缸 3—液压电子控制
单元（ESC 系统） 4—制动硬管 5—制动软管
6—电动真空泵总成

表 1-1-12 吉利 EV450 纯电动汽车底盘的维护内容

系　　　统	维护项目	维护内容
转向系统	紧固件	检查并视情况处理
	转向横拉杆防尘套	检查并视情况处理
	电动助力转向功能	路试并视情况处理
制动系统	驻车制动器	检查并视情况处理
	制动液	液位检查
	真空泵及控制器	检漏并视情况处理
	制动摩擦副	检查并视情况处理
	制动管路及分泵	检漏
行驶系统	副车架及各紧固件	检查拧紧
	前后减振器故障	检查渗漏等
	轮胎	检查胎压

里程，如图 1-1-11 所示。

3）连接解码仪进行维护里程清零，具体流程：开机→EV450→仪表板系统（IPK）→标定→里程清零。

4）显示"打开点火开关至 ON 档，发动机不起动"后，单击"执行"。

5）显示"里程完成且成功，里程清零完成"，单击"退出"。

6）此时，仪表显示如图 1-1-12 所示。

图 1-1-11　行驶里程清零前

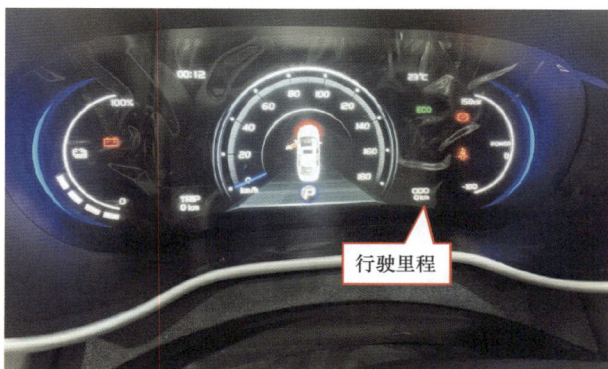

图 1-1-12　行驶里程清零后

⚠ 学习小结

1. 维护人员操作前必须按要求穿戴好绝缘防护用品（绝缘防护服、绝缘鞋、绝缘手套和护目镜等），使用合适的绝缘工具在符合要求的维修场地进行维护操作。

2. 高压部件包括驱动电机、电机控制器、动力蓄电池、高压配电箱、高压变换器（DC/DC）、车载充电机、空调压缩机、加热器（PTC）等。

3. 每次维护结束，需连接解码仪进行维护里程清零，具体流程：开机→EV450→仪表板系统（IPK）→标定→里程清零。

4. 为了延长动力蓄电池的使用寿命，需要定期采用均衡充电方式对高压电池包进行保养。均衡充电无须特殊操作，是指在一般充电完成后继续充电一段时间，电池管理系统会对各个单体电池进行均衡操作。

5. 新能源汽车空调系统主要包括一体式电动压缩机及控制器、空调制冷管路、PTC加热器、热交换器、PTC电动水泵等。

学习单元 1.2　车间安全与 8S 管理

情境导入

　　小李在吉利新能源汽车 4S 店的维修岗位实习，上班时主管告知需要对到店维护的吉利 EV450 纯电动汽车进行充电作业，让他按照标准的充电流程操作，你知道对新能源汽车进行充电作业时有哪些注意事项吗？

理论知识

　　车辆维护与维修的许多不当操作都会影响人身安全或健康，本节列出了部分危险物质、高压部件，并强调避免危害的安全守则。

1.2.1　车间用电安全

　　为了避免在维修过程中发生触电事故，要求新能源汽车维修操作人员必须具备低压电工操作证和汽车维修工技能等级证书。另外，正规企业在员工上岗前和工作中均要多次进行针对性的安全教育，作为电动汽车维修技术人员，必须做到安全用电。

1. 吉利 EV450 纯电动汽车高压部件

　　吉利 EV450 纯电动汽车上的用电设备分为高压用电部件和低压用电部件，高压用电部件主要有驱动电机、电机控制器、动力蓄电池、高压电池组、高压配电箱、高压变换器（DC/DC）、空调压缩机、空调暖风机（PTC）等，如图 1-2-1 所示。低压用电部件主要有仪表、音响、灯光、喇叭、蜂鸣器和鼓风机等。

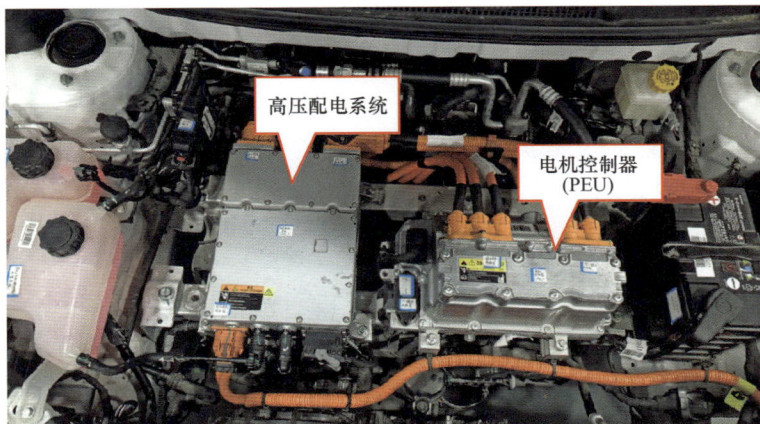

图 1-2-1　机舱内高压部件

2. 电压等级划分

2001 版 ISO 6469-3 将电动车辆电压等级划分为 A 级电压和 B 级电压，其中对 B 级电压的保护分为基本防护和故障防护，对 A 级电压只需要基本的功能防护。电压等级划分明确了不同的车辆电路系统可以满足不同的安全要求，降低了对 A 级低压电路系统不必要的保护成本，对汽车工业的发展起到了积极的作用。电动汽车电压等级划分见表 1-2-1。

表 1-2-1　电动汽车电压等级划分

电压 /V	直　　流	交　　流
A 级	$0 \leqslant U \leqslant 60$	$0 \leqslant U \leqslant 30$
B 级	$60 < U \leqslant 1500$	$30 < U \leqslant 1000$

1.2.2　车间环境安全

1. 酸与碱

铅酸蓄电池具有腐蚀性的碳酸钠和硫酸等物质，对眼睛、皮肤、嗅觉及喉咙具有刺激性或侵蚀性，会对人体造成灼伤，损坏普通的保护衣物。在操作过程中，应避免溅到眼睛、皮肤及衣物上，穿戴适当的防护服、手套及护目镜，避免吸入喷雾。

必须在附近配备冲洗设备：眼部冲洗瓶、肥皂等，方便在发生泼溅时，随时可以得到及时救助。在醒目位置标示眼部危险的标志。

充电时所释放出的气体具有爆炸性，切勿在充电的蓄电池或者最近刚充完电的蓄电池附近进行明火操作。

2. 空调制冷剂

必须遵守制造厂商所提供的说明，皮肤接触空调制冷剂可能会导致冻伤，避免直接接触，需佩戴护目镜和防护手套。

如果皮肤或眼睛接触到制冷剂，应立即用水冲洗皮肤，用干净的水或专用的冲洗溶液冲洗眼睛，切不可揉搓，视具体情况的需要寻求医疗援助。

使用空调制冷剂应避免以下操作：

1）不可在阳光照射处或有热源的地方储存制冷剂。

2）在充填时，不可将制冷剂瓶直立，保持它们的阀门朝下。

3）不可使制冷剂瓶暴露在霜雪中。

4）不可跌落制冷剂瓶。

3. 电击

高压部件上贴有橙黄色警告标签，注意警告标签上的内容要求。为了避免触电伤害，禁止触碰高压部件、高压电缆（橙色）及其连接头。如果车上的电缆裸露或破损，禁止触碰，以防触电。

禁止非专业维修人员随意解除、拆解或改装用电设备，否则触碰到高压电将导致人员烧伤，甚至触电死亡等严重后果。未按说明错误地使用电气设备，可能会造成电击。必须要在规定时间内维护电气设备，并按要求测试。故障的设备应予以标示，最好能够移动到工作区域以外。电线、电缆、插头与插座禁止被磨损、扭结、切断、破裂或其他的损坏，切勿使电气设备和电线与水接触。禁止误用电气设备，并且切不可使用任何有故障隐患的设备，其可能影响人身安全。应保证可移动电气设备的电缆不会受到夹压与损坏。

必须要对专门的电器操作者实施基本的急救训练。在发生电击时：在与受害者接触之前，先关掉电源。如果无法关掉电源，则用干燥的绝缘体材料将受害者身上的电源去除。如果受过专门的急救训练，立即进行现场急救，请求医疗援助。

4. 火灾

与车辆维修有关的许多材料，都是极度易燃的。有些材料在燃烧后，会产生有毒、有害的气体。在储存与处理易燃的材料或溶剂时，必须遵循防火安全，特别是在接近电气设备或正在进行焊接作业的地方。

在使用电气以及焊接设备前，必须首先确认没有发生火灾的隐患。在进行焊接或使用加热设备时，应准备一个适当的灭火器在作业区域周围。

5. 灰尘

粉末、灰尘以及尘埃可能具有刺激性、有害或有毒，避免吸入粉状的化学材料以及因干燥摩擦操作所扬起的粉尘，如果通风不良，则需要佩戴呼吸面罩防护装置，以防止吸入粉尘。可燃物质的细粉尘可能会造成爆炸的危险，避免爆炸与火源。

6. 急救

不仅要符合法律的规定，在工作场所中最好能有受过专业急救训练的人员。

如果眼睛被泼溅时，应该至少用清水冲洗 10min。

如果皮肤被污染，则需用肥皂与清水清洗受污染地方。

如果受到冻伤，将受到冻伤的部位浸在冰水或冷水中。

吸入有毒气体的人员，应立即将其转移至空气新鲜处，若不良反应现象持续出现，应立即送往医院寻求医疗救助。

如果不慎误服液体，应将容器或卷标上所标示的信息告知医师，除非卷标上有指示，否则不可盲目导吐。

1.2.3　8S 管理制度

第二次世界大战后日本丰田公司推行 5S 管理制度，对塑造企业形象、降低成本、及时交货、安全生产、提高效率、改善工作环境起到巨大作用，因此，5S 管理制度在全球得到推广。目前再加入"安全""节约"和"学习"称为 8S，它是现场管理最重要的

"法宝"之一。

企业推行8S的目的是使销售额增长，利润增加，获得更大的利益，达成持续的增长收益。主要目的是企业形象的改善和提高、工作效率的提升、品质的提高、成本的递减、成交期的短缩及员工的精神面貌的改善等。

1. 8S管理制度的内容

8S就是整理（SEIRI）、整顿（SEITON）、清扫（SEISO）、清洁（SEIKETSU）、素养（SHITSUKE）、安全（SAFETY）、节约（SAVE）、学习（STUDY）八个项目，因其罗马发音均以"S"开头，简称为8S。

8S管理法的目的，是使企业在现场管理的基础上，通过创建学习型组织不断提升企业文化的素养，消除安全隐患、节约成本和时间。使企业在激烈的竞争中，永远立于不败之地。

（1）整理（SEIRI）　将工作场所任何物品区分为必要的和不必要的，把必要的物品与不必要的物品区分开，不必要的物品尽快处理掉。目的是腾出空间、空间活用、防止误用误送，塑造清爽、视觉宽敞明亮的工作场所，如图1-2-2所示。

（2）整顿（SEITON）　对整理后留在现场的必要物品分门别类放置，排列整齐，明确数量，有效标识。目的是使工作场所一目了然，如图1-2-3所示。

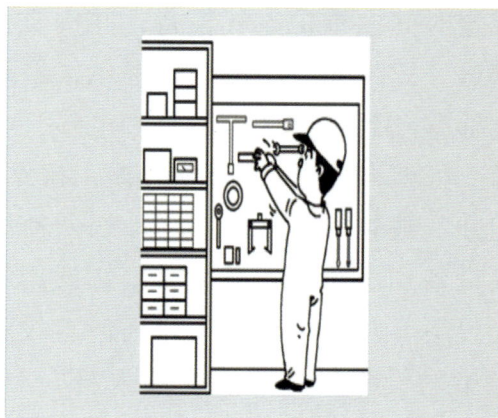

图1-2-2　整理（SEIRI）

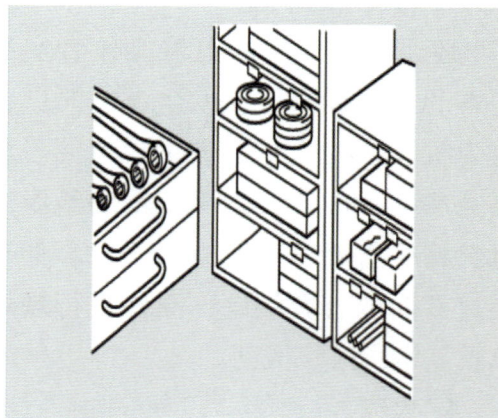

图1-2-3　整顿（SEITON）

（3）清扫（SEISO）　将工作场所打扫干净，保持工作场所干净。目的是消除脏污、保持干净、稳定品质，如图1-2-4所示。

（4）清洁（SEIKETSU）　将前面的3S的实施方法制度化、规范化。目的是维持前面3S的成果，如图1-2-5所示。

（5）素养（SHITSUKE）　通过会议、培训等手段，提高员工思想水准，增强团队意识，养成按规定行事的良好习惯。目的是提升员工品质，使员工对任何工作都认真，如图 1-2-6 所示。

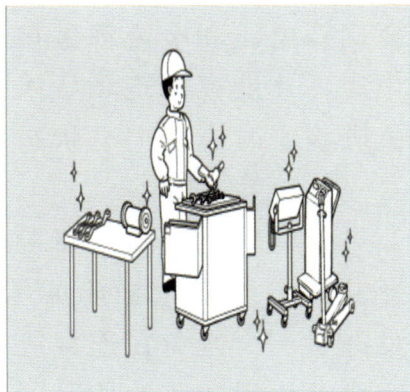

图 1-2-4　清扫（SEISO）

图 1-2-5　清洁（SEIKETSU）

图 1-2-6　素养（SHITSUKE）

（6）安全（SAFETY）　消除安全隐患，保证现场员工人身安全及产品质量安全。目的是杜绝安全事故，规范操作，确保产品质量，保障员工的人身安全，如图 1-2-7 所示。

图 1-2-7　安全（SAFETY）

（7）节约（SAVE）　对时间、空间、资源等方面合理利用，以发挥其最大职能，从而创造一个高效率的、物尽其用的工作场所。目的是减少企业的人力、成本、空间、时间、库存、物料消耗等因素，如图 1-2-8 所示。

图 1-2-8　节约（SAVE）

（8）学习（STUDY） 深入学习各项专业技术知识，从实践和书本中获取知识，同时不断地向同事及上级主管学习，从而达到完善自我，提升自己综合素质的目的，如图1-2-9所示。

图1-2-9 学习（STUDY）

2. 实施8S管理的效用

8S管理活动中更加深刻地阐述了强化员工安全理念和安全责任的重要意义。加强员工安全理念的更深层次的理解和认识，形成企业自身安全文化，创造舒适、和谐的安全生产环境和作业条件，是企业基础管理的重要内容，也是8S活动的重点。

1.2.4 新能源汽车充电注意事项

1）首先要使用符合国标的车辆和充电桩，不要使用第三方或没有国家许可生产和检验合格标识的充电桩，合格的接线方式（特别是接地保护）在安全方面也尤为重要。

2）充电前需确认车的状态是否良好，充电设备是否正常。充电开始后要确认电压和电流都是在正常范围内时，才能离开现场。如果有条件，应该定时查看充电状态是否正常。

3）尽量将充电线缆与墙端插座直接相连，检查充电插座的情况，需是良好状态，避免在连接线有破损或有腐蚀生锈插座的情况下进行充电。

4）尽量避免使用拖线板，如必须使用拖线板。不要把拖线板和充电接口直接放置在地面上，以免下雨时进水，也要避免拖线板在阳光下的暴晒。

5）避免将充电线缆在阳光下暴晒并大功率充电，暴晒并持续发热会引起充电线过热并引燃插座。

📈 **实践技能**

1.2.5 吉利EV450纯电动汽车充电作业

交流充电作业时，请关闭启动开关，遵照如下说明操作：

1）选择220V/16A，有可靠接地的三孔插座。

2）在车辆解锁状态下，用手掌轻按充电小门左侧，小门轻微弹出，拉开小门。

3）松开塑料卡扣，并打开充电口盖，如图 1-2-10 所示。

图 1-2-10　充电口

4）从行李舱的随车工具箱中取出随车充电枪，如图 1-2-11 所示。

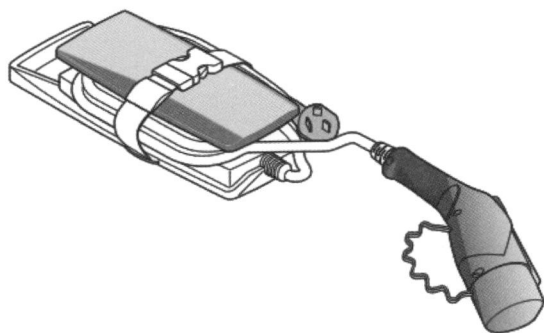

图 1-2-11　随车充电枪

5）打开充电手柄上的保护盖，并按住充电手柄上的按钮，直到充电手柄插到车身的充电插座底部后，释放该按钮，如图 1-2-12 所示。

6）将 3 脚充电插头接入常用居民用电。

7）在 3 脚充电线连接完成后，充电连接指示灯会点亮。

8）充电时，充电线控制盒上的电

源指示灯会常亮，充电指示灯保持常亮。充电口有指示灯，充电时会呈明暗交替的闪烁效果。充电时，仪表会显示"充电连接指示灯"与"充电指示灯"点亮。

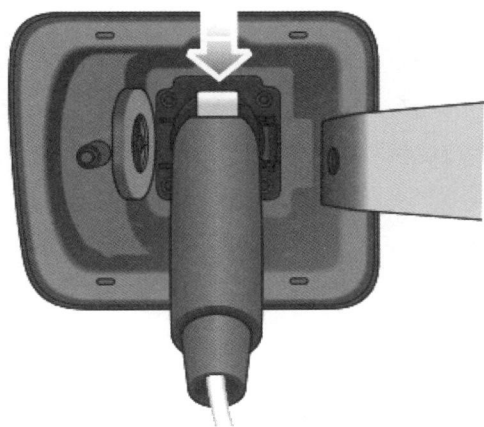

图 1-2-12　充电手柄释放按钮

9）充电结束后，充电线控制盒上的电源指示灯会熄灭，充电指示灯熄灭。解锁车辆，先断开充电线与充电电源之间的连接，再将充电线从车上断开，整理并放进工具箱内。

10）将车身充电口盖和充电口小门依次合上盖好。

注意：充电供电电压为常用居民用电 220V、16A，包含火线（L）、零线（N）、地线（PE）。充电线的地线用于连接供电设备地线和车辆车身地线，起保护作用。充电时供电设备或者接线板必须达到 3.3kW、16A 以上的要求，且前端电路接地可靠、有漏电和过载保护。

⚠ **学习小结**

1. 为避免在维修过程中发生触电事故，要求新能源汽车维修操作人员必须具备低压电工操作证和汽车维修工技能等级证书。

2. 8S就是整理（SEIRI）、整顿（SEITON）、清扫（SEISO）、清洁（SEIKETSU）、素养（SHITSUKE）、安全（SAFETY）、节约（SAVE）、学习（STUDY）八个项目，因其罗马发音均以"S"开头，简称为8S。

3. 交流充电作业过程：关闭启动开关→打开交流充电口，选择合适参数三角插座（含接地）→连接随车充电枪→仪表显示"充电连接指示灯"与"充电指示灯"点亮→充电结束后取下随车充电枪，放回指定位置→关闭交流充电口，充电作业完成。

学习单元 1.3　新能源汽车高压作业前场地准备

🖼 **情境导入**

　　小李是一家新能源汽车4S店维修人员，需要对一辆新能源汽车（吉利EV450）进行维护，需要进行新能源汽车高压作业前场地准备。你知道他是如何准备的吗？

📋 **理论知识**

1.3.1　高压系统警示标志

　　车间警示标志如图1-3-1所示，是新能源汽车车间必备的要素，用来警示电气设备高压危险，保护人身安全。

1.3.2　新能源汽车维护场地要求

　　新能源汽车维修工位比普通汽车维修工位的要求更高，包括采光、照明、干燥、通风、防火等都具有严格的要求，专用的高压维修工位如图1-3-2所示。

图 1-3-1 车间警示标志

图 1-3-2 专用的高压维修工位

注意事项如下：

1）维修作业前设置好安全隔离警告。

2）干净整洁，干燥通风。

3）周边不得有易燃物品及与工作无关的金属物品。

4）维修工位上必须配有防护用品。

5）无关人员不得进入维修场地。

6）铺好绝缘垫，防止对地触电。

1.3.3 新能源汽车维护操作人员注意事项

1. 个人防护要求

维护人员操作高压系统前必须穿戴好绝缘防护用品，需要做到：

1）穿好绝缘防护服、绝缘鞋，戴好护目镜。

2）戴好绝缘手套，根据工作情况选择相应的防高压电手套或防电池电解液的耐酸碱性手套。

3）绝缘工具使用前必须检查，保证其无破损、破洞和裂纹，内外表面应清洁、干燥，不能带水进行操作，以确保安全。

4）高压系统下电（断开直流母线），需要等待 5min 以上，待电机控制器、充电机等内部有电容元件的部件充分放电。

5）在车辆上电前，注意确认是否还有人员在进行高压维修操作，避免发生危险。

2. 作业前人员素质要求

1）操作人员不得佩戴金属饰物（如手表、戒指等），工作服口袋内不得有金属物件（如钥匙、金属壳笔、

手机、硬币等）。

2）操作人员必须佩戴必要的防护工具。

3）严禁非专业人员对高压部件进行拆卸。

4）操作人员必须经过低压电工安全培训，并持有国家安全局颁发的《特种作业操作证（低压电工证）》，如图 1-3-3 所示。

1.3.4　高压防护工具的认知

对新能源汽车进行维修作业时，必须按照原厂家维修手册的要求进行。为了保障工作人员的人身安全，顺利地完成工作任务，必须使用相应的安全防护工具。

图 1-3-3　特种作业操作证（低压电工证）

新能源汽车高压电安全防护更需要注意绝缘安全用具的使用，绝缘安全用具指带电作业或使用电气工器具时，维修维护作业中为防止工作人员触电，必须使用的绝缘工具。通常包括防静电工作台、绝缘垫、放电工装、灭火器、隔离带、绝缘手套、劳保手

套、安全帽、护目镜、绝缘鞋、绝缘防护服、绝缘工具等。

1. 防静电工作台

防静电工作台适用于对静电有严格要求的地方，通过使用防静电工作台能够保证静电敏感元器件的安全性，主要用于检测新能源汽车总成或电子

部件，如图 1-3-4 所示。

图 1-3-4　防静电工作台

2. 绝缘垫

绝缘垫是具有较大的电阻率和耐电击穿的橡胶垫，主要在电动汽车维护时铺在地面，起到绝缘作用，在雨季湿度大或者地面潮湿时，绝缘垫会更加重要，如图 1-3-5 所示。

图 1-3-5　绝缘垫

3. 放电工装

新能源汽车上有许多大电容，断电后电容中储存的电能还没有释放，此时进行高压操作有触电危险，需要使用放电工装放电后才能进行操作，

如图 1-3-6 所示。

图 1-3-6　放电工装

4. 隔离带

隔离带又称为伸缩隔离带、警戒线、移动护栏杆等，主要为了防止其他成员随意进入作业区域，起提示和隔离作用，如图 1-3-7 所示。

图 1-3-7　隔离带

5. 灭火器

常用的灭火器分为泡沫灭火器、干粉灭火器、二氧化碳灭火器、水基灭火器三类。其中，泡沫灭火器适用于扑救一般火灾，比如油制品、油脂等无法用水来施救的火灾；干粉灭火器不但可扑灭一般的火灾，而且还可扑灭油、气等燃烧引起的失火，主要用于扑救石油、有机溶剂等易燃液体、可燃气体和电气设备的初期火灾；二

氧化碳灭火器用来扑灭图书、档案、贵重设备、精密仪器、600V 以下电气设备及油类的初起火灾。

常用的车载灭火器是干粉灭火器（图 1-3-8），以高压为动力，由喷射筒内的干粉进行灭火。灭火时手提干粉灭火器快速奔赴火点，在距离燃烧处 1m 左右，先将开启把上的保险销拔下，然后将喷嘴部迅速对准火焰的根部扫射灭火。当干粉喷出后，手始终压下压把不能放开，否则会中断喷射，应选择站在上方进行喷射。

图 1-3-8　干粉灭火器

当电动车发生火灾时，最有效的灭火方式是采用大量的水灭火。因为电动车起火多为电路短路起火，这种情况下为了保证人员安全，使用水基灭火器（图 1-3-9）可能快速对短路产生的热量降温，使电能耗尽来有效灭火。

6. 绝缘手套

绝缘手套（图 1-1-2）由天然橡胶制成，对人体有保护的作用，具有防水、防电、防油、耐化学品、耐酸碱等功能。绝缘手套是操作高压电气设备时重要的绝缘防护装备，使用 6 个月必须进行预防性试验，每次使用前均需按照要求检查。

图 1-3-9　水基灭火器

当手套变脏时，要用肥皂和水温不超过 65℃的清水冲洗，然后彻底干燥并涂上滑石粉。洗后如发现仍然黏附有橡胶油或油漆之类的物质，请立即用清洁剂清洗此部位（但清洁剂不能过多），然后立即冲洗掉。

7. 劳保手套

劳保手套（图 1-3-10）在拆除及安装低压部件时使用，避免操作人员双手受到腐蚀性液体侵蚀。

8. 安全帽

当新能源汽车处于举升状态，进行维护时应佩戴安全帽，如图 1-3-11 所示，佩戴前应检查安全帽有无开裂或者损伤，有无明显变形；下颚带是否完好、牢固，佩戴时适当调整并系好下颚带；检查出厂日期是否符合标准。

图 1-3-10　劳保手套

图 1-3-11　安全帽

9. 护目镜

检查和维护新能源汽车时需要佩戴护目镜，如图 1-1-2 所示，护目镜主要防止电弧伤眼，使用前应检查护目镜是否有裂痕、损坏。

10. 绝缘鞋

绝缘鞋是在高压操作时使人与大地绝缘的防护工具，一般在较为潮湿的场地使用，如图 1-1-2 所示。穿绝缘鞋前应检查鞋面是否有磨损、是否干燥，鞋底是否断裂。绝缘鞋应放在干燥通风的地方，不能随意摆放，避免

接触高温、尖锐物品和酸、碱、油类物品。

11. 绝缘防护服

绝缘防护服（图 1-1-2）的主要作用是高压操作时对维修人员的身体进行保护。

12. 绝缘工具

绝缘工具与传统维修工具相比，增加了抗高压的绝缘层，从而保证维修人员的人身安全，如图 1-1-3 所示。

1.3.5　检测工具的认知

1. 解码仪

解码仪是用于检测汽车故障的便携式设备，如图 1-3-12 所示。用户可以利用它迅速地读取汽车电控系统中的故障，并通过液晶显示屏显示故障信息，迅速查明发生故障的部位及原因。

图 1-3-12　解码仪

2. 绝缘电阻测试仪

绝缘电阻测试仪是一种由电池供电的绝缘测试仪。如图 1-3-13 所示，

它可以测试交流 / 直流电压、搭铁耦合电阻和绝缘电阻。

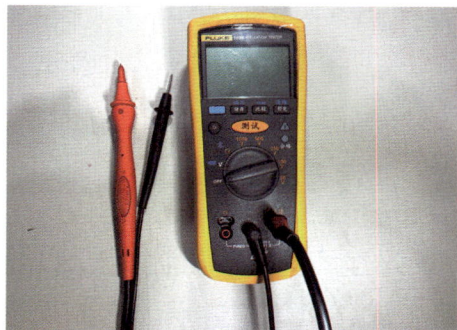

图 1-3-13　绝缘电阻测试仪

3. 交直流数字钳形表

在不断电的情况下测量电路的电流，专门检测大电流的交直流电，由于工作部分呈钳状，所以称为交直流数字钳形表，如图 1-3-14 所示。

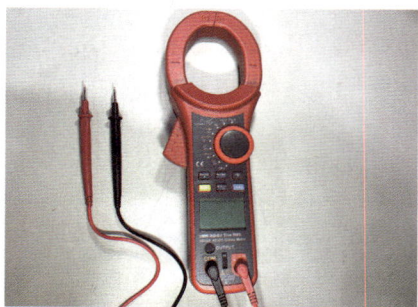

图 1-3-14　交直流数字钳形表

4. 示波器

示波器可以将看不见的电信号转变成看得见的波形曲线，检测人员可以通过观察波形的频率、波峰、波谷、波长等要素判断电路的状态，如图 1-3-15 所示。

5. 数字万用表

数字万用表（图 1-3-16）是一种多功能测量仪器，可以用来检测电流、电压、电阻以及电路的通断等。

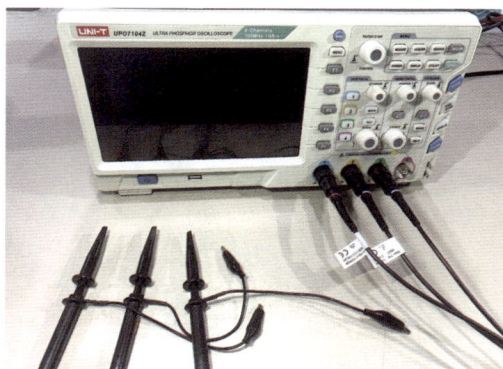

图 1-3-15　示波器

图 1-3-16　数字万用表

实践技能

1.3.6　新能源汽车检测工具的使用

1. 交直流数字钳形表的使用

在电动汽车维修与诊断时，经常会需要测量导线中的电流，由于驱动系统的导线（如逆变器与电机之间）存在较大的交变电流，需要交直流数字钳形表进行间接测量。

交直流数字钳形表的工作部分主要由一只电流表和穿心式电流互感器组成，穿心式电流互感器的铁心制成活动开口，且呈钳形，故又名钳形电流表，它是一种不需断开电路就可直接测电路交流电流的携带式仪表。

在测量电流时，可以按以下步骤进行：

1）估算电流大小，选择正确档位与电流类型，例如，如果需要测量三相电机的一相电流，选择交流电流档，如图 1-3-17 所示。

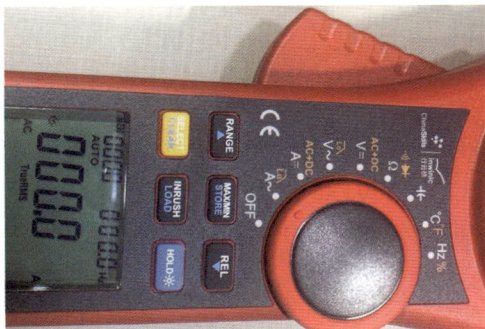

图 1-3-17　档位选择

2）打开电流钳，将被测量电路放入电流钳口之中，注意：测量时应该保持钳口闭合，否则将测量出不正确的电流，如图 1-3-18 所示。

3）接通被测量装置，读取电流值。

2. 绝缘电阻测试仪的使用

新能源汽车的运行工况非常复杂，在运行过程中难免会出现部件和导线之间的摩擦、碰撞和挤压等，导致高压电路与车辆之间的绝缘性能下降，电源正负极通过绝缘层和底盘造成漏电现象，并可能引发电气火灾。因此，高压电气对车辆底盘的绝缘性是新能源汽车的技术关键。在进行纯电动汽车检查和维护时，使用数字绝缘电阻测试仪检测绝缘性能也是至关重要的。

图 1-3-18　钳口闭合测试

在使用时，按照以下步骤进行：

1）使用绝缘电阻测试仪需佩戴绝缘手套、护目镜。

2）测量前，需进行开路测试与短路测试。

① 开路测试：如图 1-3-19 所示，将档位调至 1000V，将两表笔分开并按下"测试"按钮，绝缘电阻值为 0Ω，则正常。

② 短路测试：如图 1-3-20 所示，将档位调至 1000V，将两表笔交叉接触并按下"测试"按钮，绝缘电阻值为 11GΩ，则正常。

3）可以进行绝缘测试作业：根据欧洲经济委员会 ECE-R100 标准，绝缘电阻必须至少为 500Ω/V，将红表笔连接测量点，黑表笔连接搭铁点，绝缘阻值应大于或等于"测量出的电压"×500Ω。

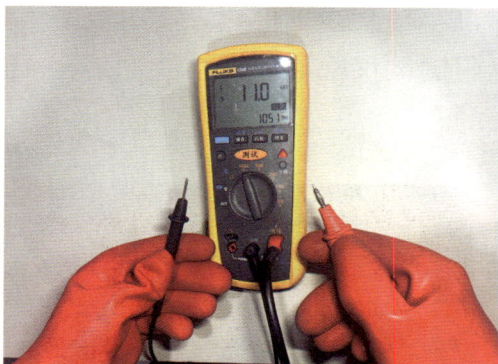

图 1-3-19　开路测试

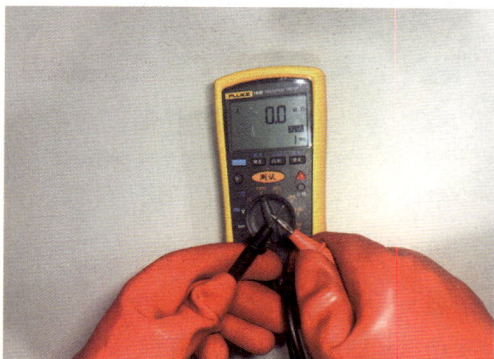

图 1-3-20　短路测试

注意事项如下：

1）应严格按照使用手册的规定使用。

2）在将绝缘电阻测试仪与被测电路连接之前，确保选用正确的端子、开关位置和量程档。

3）用绝缘电阻测试仪测量已知电压来验证测试仪操作是否正确。

4）端子之间或任何一个端子与接地点之间施加的电压，不能超过测试仪上标明的额定值。

5）电压在交流有效值 30V、交流峰值 42V 或直流 60V 以上时应格外小心，这些电压有造成触电的危险。

6）出现测试仪电池低电量指示符时，应尽快更换电池。

7）测试电阻、二极管或电容前，必须先切断电源，并将所有的高压电容器放电。

8）切勿在爆炸性的气体或蒸气附近使用测试仪，使用测试导线时，手指应保持在保护装置的后面。

9）测量时，量程选择要高于被测物体额定电压，尽可能采取单手操作。

3. 测量绝缘电阻的步骤

根据欧洲经济委员会 ECE-R100 标准，绝缘电阻必须至少为 500Ω/V。例如：288V×500Ω/V=1.44MΩ，测量工具的测量电压至少要与检测部件的常规工作电压一样高。

以下为新能源汽车的高压电路检测步骤：

1）将测试仪探头插入 V 和 com（公共）输入端子，如图 1-3-21 所示。

2）进行开路测试（图 1-3-19）和短路测试（图 1-3-20）。

3）将旋钮开关转至所需的测试电压。

4）明确被测电路工作电压，并确认已断电。

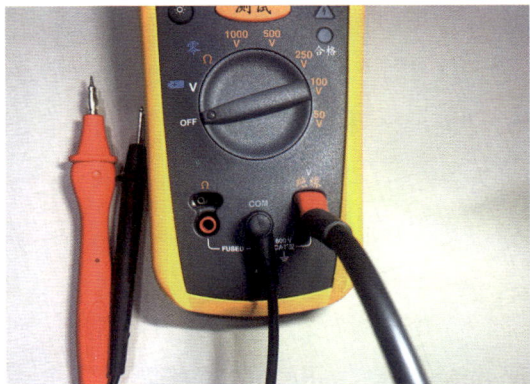

图 1-3-21　V 和 com（公共）输入端子

5）连接测量位置，按压"测试"按钮和红表笔上的"TEST"按钮，如图 1-3-22 所示，此时将获得一个有效的绝缘电阻值读数。

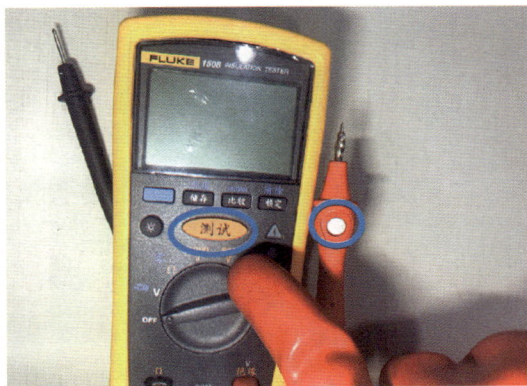

图 1-3-22　测试按钮位置

4. 示波器的使用

1）连接四通道示波器测试线，如图 1-3-23 所示。

2）连接示波器电源线束，开机、校准标准波，如图 1-3-24 所示。

3）将测量线束连接被测物体进行示波测量。

4）读取波形。

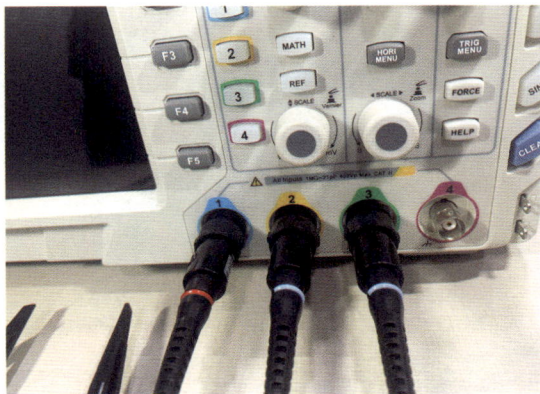

图 1-3-23　连接四通道示波器测试线

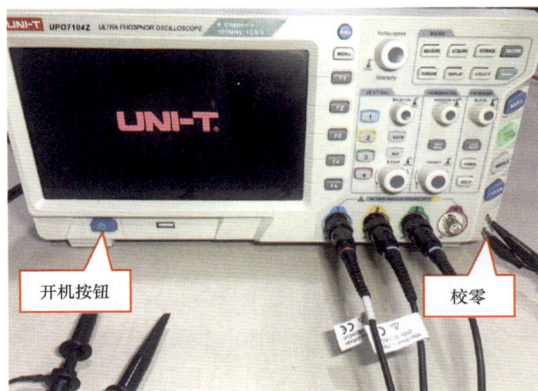

图 1-3-24　示波器开机和校准标准波

5）关闭电源，取下波形采集线束。

5. 毫欧表的使用

1）连接毫欧表线束。

2）将旋钮旋至所需档位。

3）如图 1-3-25 所示，将红、黑表笔交叉校零，按"START/STOP"键，毫欧表屏幕显示"0mΩ"，即为正常。

4）将红、黑表笔连接被测物体，进行检测，读取数据。

5）关闭毫欧表。

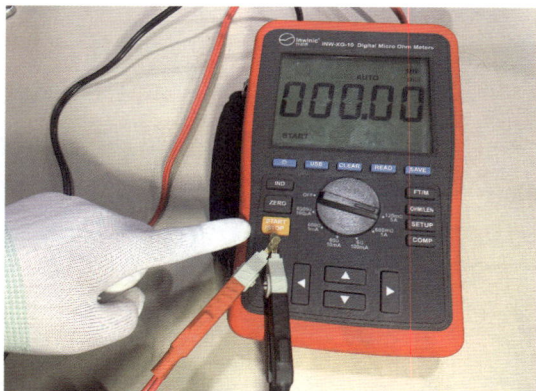

图 1-3-25　校零

1.3.7　吉利 EV450 纯电动汽车的高压作业前场地准备

1. 场地准备

1）设置隔离带、安全警示牌，如图 1-3-26 所示。

2）检查灭火器压力值（绿色区域为正常）和生产日期，如图 1-3-27 所示。

3）正确安装车辆挡块。

2. 检查防护套装

1）检查绝缘手套的耐压等级、外观和气密性，如图 1-3-28 所示。

2）检查防电池电解液酸碱性手套、护目镜（图 1-3-29）、安全帽外观是否损伤（图 1-3-30）。

3）穿绝缘鞋（进入工位前提前穿好），如图 1-3-31 所示。

4）是否佩戴戒指或手表等物品。

图 1-3-26　设置隔离带和安全警示牌

图 1-3-27　灭火器压力值和生产日期

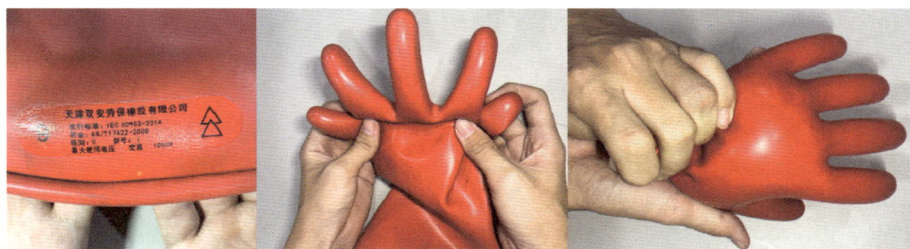

a) 检查耐压等级　　　　　b) 检查外观　　　　　c) 检查气密性

图 1-3-28　检查绝缘手套

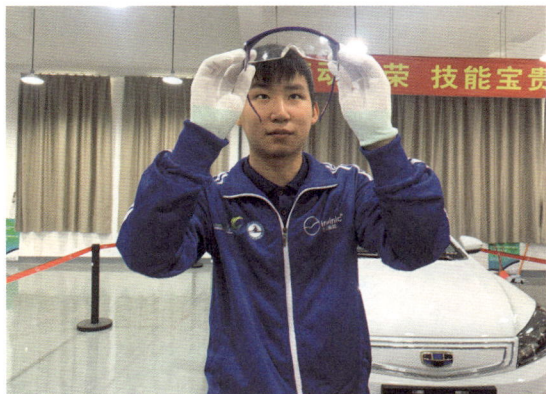

图 1-3-29　检查护目镜

图 1-3-31　穿绝缘鞋

图 1-3-30　检查安全帽

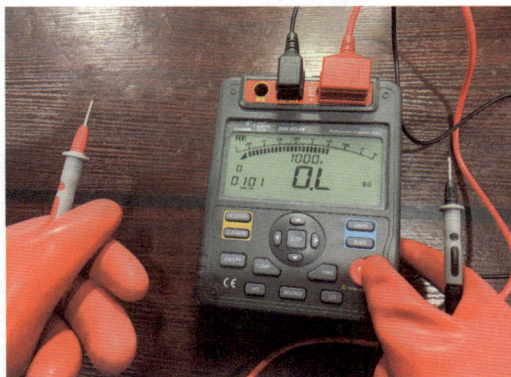

图 1-3-32　断路测试

3. 检查工具套装

1）进行数字绝缘电阻测试仪断路检测并确认电阻无穷大，如图 1-3-32 所示。

2）进行数字绝缘电阻测试仪短路检测并确认电阻＜1Ω，如图 1-3-33 所示。

3）确认数字绝缘电阻测试仪上"TEST"功能正常。

图 1-3-33　短路测试

4）选择四点检测绝缘垫绝缘性且佩戴绝缘手套与护目镜，如图 1-3-34 所示。

所示。

5）进行接地电阻测试仪断路检测并确认电阻无穷大，如图 1-3-35 所示。

6）进行接地电阻测试仪短路检测并确认电阻 < 1Ω，如图 1-3-36 所示。

7）确认接地电阻测试仪上"TEST"功能正常。

8）进行数字万用表校零，如图 1-3-37 所示。

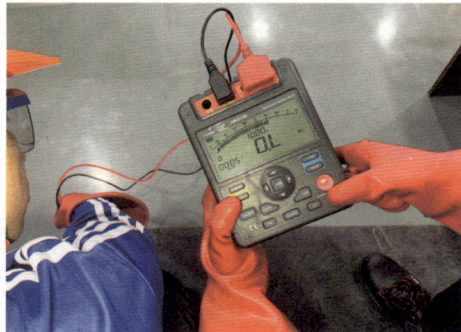

图 1-3-34　测试绝缘垫四点方法

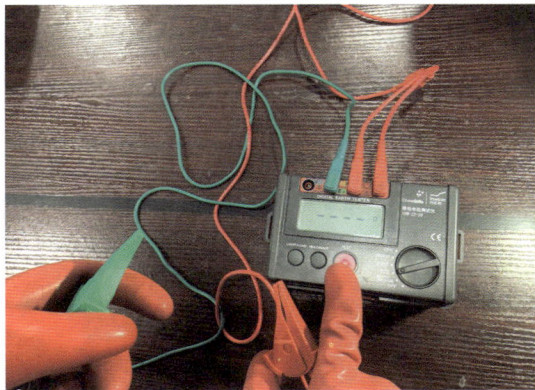

图 1-3-35　断路检测

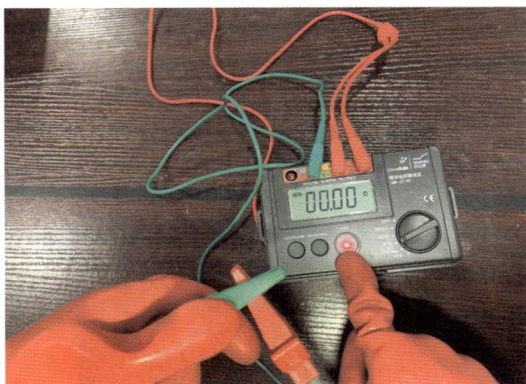

图 1-3-36　短路检测

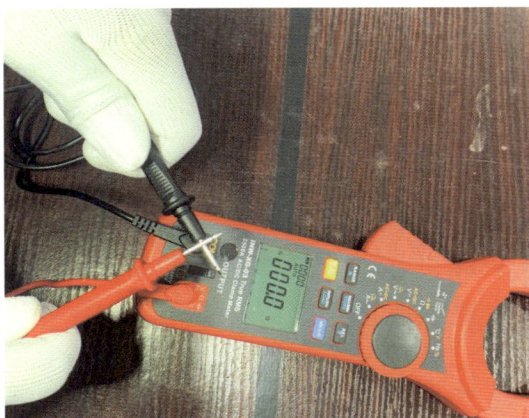

图 1-3-37　数字万用表校零

4. 记录车辆信息

主要记录车辆铭牌内容，如图 1-3-38 所示。

中国 浙江豪情汽车制造有限公司 制造
LB378Y4W9KA033747

品 牌：帝豪	整车型号：HQ7002BEV51
驱动电机型号：TZ220XS503	乘坐人数：5
驱动电机峰值功率：120kW	最大允许总质量：1970kg
动力电池系统额定电压：346V	制造年月：2019年7月
动力电池系统额定容量：150Ah	

图 1-3-38　铭牌内容

5. 安装车外三件套

安装车外三件套，起防护作用，如图 1-3-39 所示。

图 1-3-39　安装车外三件套

6. 安装车内三件套

为保证车内干净整洁，安装车内三件套，如图 1-3-40 所示。

图 1-3-40　安装车内三件套

7. 外检作业

1）正确检查车身状况。

2）正确检查并记录轮胎胎压，如图 1-3-41 所示，胎压不足请及时复位。

图 1-3-41　检查胎压

图 1-3-42　确认电子驻车制动器

8. 安全准备

1）完全落下驾驶人侧车窗。

2）检查确认电子驻车制动器（图 1-3-42）和档位（图 1-3-43）。

图 1-3-43　确认档位

⚠ 学习小结

1. 操作人员必须经过低压电工安全培训，并持有国家安全局颁发的《特种作业操作证（低压电工证）》。

2. 根据欧洲经济委员会 ECE-R100 标准，绝缘电阻必须至少为 $500\,\Omega/V$，将红表笔连接测量点，黑表笔连接搭铁点，绝缘阻值应大于或等于"测量出的电压"$\times 500\,\Omega$。

3. 检查绝缘手套的方法：捏住手腕处，旋转密封；挤压手套，检查有无漏气；检查手套外部是否干燥；若全部符合标准，即可佩戴。

4. 绝缘防护工具包括防静电工作台、绝缘垫、放电工装、灭火器、隔离带、绝缘手套、劳保手套、安全帽、护目镜、绝缘鞋、绝缘防护服、绝缘维修工具等。

学习单元 1.4　新车交付检查

情境导入

　　吉利新能源汽车 4S 店，一天成交了十辆吉利 EV450 纯电动汽车，为了确保品质与服务，主管交代小李在交车前对车辆进行规范检查，你知道如何规范进行交车前检查吗？

理论知识

1.4.1　新车交付检查的目的

　　新车交付检查（Pre-Delivery Inspection），简称 PDI。新车交付检查在标准销售流程中起到"承上启下"的作用，是与客户保持良好关系的开始。是售前转向售后的关键一步，弥补前期工作不足，提高客户满意度，建立忠诚客户的基础，如图 1-4-1 所示。

1. 建立关系

　　激发客户的热情，使客户拥有愉快满意的交车体验，激发客户的热情，分享客户的热情，建立良好、长期的关系。

2. 提高满意度

　　通过完美的交车流程，使客户对产品和服务产生高度认同，提高满意度，创造更好的口碑效应。

3. 创造利润

　　在交车过程中，用文件详细说明车辆使用及售后保养，并引荐售后服务顾问，建立客户与售后服务部门的长期关系，提高售后利润。交车面访带来的口碑效应将引来新的商机。

1.4.2　新车交付的流程

1. 交付前的准备工作

　　1）交车前三天内电话联系客户，确认交车时间、参与人员，并简要告知客户交车流程及交车时间。

　　2）交车前一天再次电话联系客户，确认客户的付款条件和付款情况，以及对客户的承诺事项，完成新车交付检查整备，并签名确认。

　　3）交车前一天确认待交车辆的型式、颜色、附属品及基本装备是否齐全，确保外观无损伤，确认待交车辆上的车身号码和发动机号码是否与车辆合格证上登记的一样，确认灯具、空调、转向灯及收音机是否操作正常，将待交车上的时间与收音机频道设置正确。

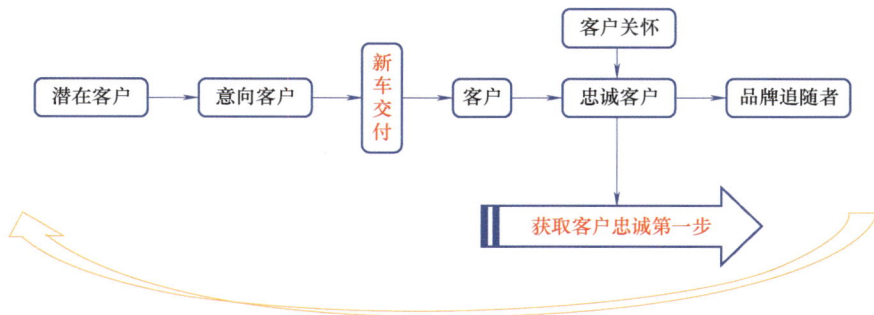

图 1-4-1　新车交付检查的目的

4）若交车日期推迟，及时与客户联系，说明原因处理方法，取得客户谅解并再次约定交车日期。

2. 交车客户接待

1）销售顾问提前 10min 到门口迎接交车客户。

2）告知顾客要办的手续。

3. 实车操作

1）销售人员带客户到车辆存放地点选车，并对选定新车进行全面检查，包括车况检查、随车工具检查、钥匙检查（选车时核对好密码卡、点烟器、车架号及工具包，有缺少时，一并在内勤处领取）。

2）填写销售业务流程单，把顾客的个人资料、车辆信息填写完整。

3）销售人员持车主本人有效证件、车辆合格证、业务流程单、装饰单（如在本店进行汽车装潢）到财务部交款，财务部收到各款项后，开具汽车零售/增值发票。

4）如顾客在本店办理保险，销售顾问应将复印好的发票、车辆合格证、车主身份证、指定驾驶人驾照等客户资料交由保险公司在本店驻点的工作人员计算无误后填写并签字确认，出保单。

5）销售人员持车主身份证、发票、车辆合格证到客服保险部投保出保单后，将以上手续转交客户服务部（验车部）办理验车上牌，待验车上牌后由客户服务部与客户办理相关车辆手续交接，并签字确认（发票、车辆登记证、年检标、尾气排放标、行驶本）。

6）由验车员带客户缴纳购置税，并为客户按区域验车上牌；销售顾问持装饰流程单到维修前台为客户办理汽车装饰业务。

7）销售顾问应在客户办理完验车上牌等相关车辆手续后，为客户办理新车交付，检查车辆外观、灯光、液面、随车工具及物品等，介绍新车功能及使用常识，及售后相关知识（保养维修常识及价格，售后索赔政策，救援政策），填写"出库验收单""销售定单""技术报告单",请客户在上面签字确认;填写保修手册,并将感谢信、保修手册、说明书交给客户。填写客户满意度调查表,由顾客签字确认。

8)将所有的证件、文件、手册、名片放入资料袋内,并将其交给客户。

4. 交车仪式及送别客户

1)销售顾问请销售经理以及售后服务经理一起列席参加交车典礼。

2)销售顾问再次确认与顾客的联系方式,简述售后服务内容。

3)最后目送顾客离开,直至客户开车远离视线为止,并在顾客到家的第一时间致电进行客户关怀。

1.4.3 吉利 EV450 纯电动汽车新车交付检查项目

吉利 EV450 纯电动汽车的新车交付检查项目包括车身检查,前机舱检查,车辆底盘、路试之前、路试、路试之后和收尾步骤检查,见表 1-4-1,其中需要修理的项目在检查结果内画"×",不需要修理的项目画"√"。

表 1-4-1 吉利 EV450 纯电动汽车的检查项目表

车 身 检 查	检 查 内 容	检查结果	维修人
1. 保护膜	为了避免车辆外观在交付至经销商前有所损坏,应使用保护膜。保护层为一薄层白色树脂膜。保护膜覆盖在车辆的所有外部水平喷漆表面上,并用粘胶背纸固定就位		
2. 车外	目视检查整个外部(漆面状况、腐蚀和刮痕、边缘弯曲及覆板凹陷)		
3. 门锁和车门铰链	a. 打开各车门,以检查开锁机构的情况和易于操作性 b. 关闭车门,以检查锁栓和锁销 c. 打开车门并操作锁定杆,然后关闭车门,以检查门锁 d. 半关车门,以检查开门锁销 e. 用钥匙解锁各车门,以检查门锁的工作情况 f. 验证所有的车门都可以由锁止按钮锁止 g. 验证当车门端部的儿童保护把手换入"LOCK"位置且内部锁止柱塞升起时,后车门无法通过内部车门把手开启		
4. 车门后视镜	检查并确认后视镜工作正常		
5. 车窗和天窗	a. 将所有的车窗完全关闭,以检查可操控性 b. 检查电动车窗,确认在操作各开关时,车门车窗正常工作。检查并确认在按下锁止开关时,相应车窗不可以打开或关闭		
前机舱检查	检 查 内 容	检查结果	维修人
1. 制动总泵液位	如果液位低于"MIN"(最低)标记,则将制动液添加至"MAX"(最高)标记 规定制动液:DOT4		
2. 清洗液液位	检查液位:如果液位较低,则补充清洗液 a. 风窗玻璃清洗器储液罐 b. 后风窗玻璃清洗器储液罐		

（续）

前机舱检查	检查内容	检查结果	维修人
3. 蓄电池的状况和连接情况	检查蓄电池连接。验证蓄电池已固定 注：不要擦掉蓄电池极桩和电缆夹上的润滑剂		
4. 插接件及线束	a. 检查确认各线束都正确布置且牢固夹紧 b. 确保所有连接紧固		

车辆底盘检查	检查内容	检查结果	维修人
1. 轮胎压力	a. 检查轮胎规格是否正确 b. 调节各轮胎的压力 注：轮胎压力标签上给出推荐压力		
2. 悬架系统	检查确认各安装螺栓和螺母已拧紧。如果使用了开口销，则需确保其安装正确。包括下摆臂和上摆臂、横向稳定杆、滑柱总成		
3. 转向系统	对转向杆系的固定螺母和开口销进行目视检查和触摸检查，以确认转向杆系的固定螺母正确紧固且开口销正确安装。检查确认转向杆系的横拉杆和中间拉杆未出现弯曲而且横拉杆球头的锁紧螺母牢固拧紧		
4. 车身底部	检查动力蓄电池和车身底部的涂层是否损坏		

路试之前	检查内容	检查结果	维修人
1. 座椅调节装置和座椅背锁定器	检查座椅各部件的工作情况： a. 座椅的机械调节器 b. 操作锁栓，以将座椅靠背前后倾斜		
2. 仪表板控制系统	检查以下部件的工作情况：喇叭、前照灯、车外灯和车内灯、仪表板灯等		
3. 里程表、仪表、警告灯和指示灯	检查仪表和量表是否正常工作 检查各指示灯和警告灯是否正常工作		
4. 空调、暖风及除霜系统	a. 空调：操作空调系统、空调灯，在所有范围内操作控制杆、鼓风机电机开关 b. 加热器和除霜器：发动机暖机后，打开加热器；在所有范围内操作鼓风机电机开关；将控制钮移至除霜位置。感受来自前面和侧面除霜器、中央通风装置、侧面通风装置、仪表板下方、前部座椅下面热风		
5. 刮水器和清洗器	1）前刮水器和清洗器： a. 在所有范围内检查前刮水器的工作情况 b. 检查前清洗器水流的喷射位置 c. 检查刮水片的停止位置 d. 验证当定时器旋钮转到任何位置时，刮水循环之间的间隔得到切换 e. 验证操作清洗器开关可以使前刮水器工作 2）后刮水器和清洗器： a. 检查后刮水器的工作情况 b. 检查后清洗器水流的喷射位置 c. 检查刮水片的停止位置		

（续）

路试之前	检查内容	检查结果	维修人
6. 行车制动器和驻车制动器的状况	a. 行车制动器 在踩下制动踏板时，检查制动踏板和地板之间的间隙。验证制动踏板自由间隙正确无误 b. 驻车制动器 检查驻车制动器的拖滞和拉杆行程		
7. 座椅安全带、启动式安全带和卷收器	a. 验证座椅安全带警告灯工作正常 b. 检查所有座椅安全带和线束，以确保其正确连接和锁止 c. 向前探身以检查肩式安全带允许身体移动 d. 检查安全带和固定器的状况 e. 检查座椅安全带是否正确收回		

路 试	检查内容	检查结果	维修人
1. 变速器在各档位的工作情况	a. 确保档位指示器在所有档位内正确排列 b. 完全踩下加速踏板，以检查手动强制降档是否正确工作 c. 在陡坡上停止车辆。使自动变速器处于 P 位，并慢慢松开行车制动器，以检查 P 位是否保持锁止状态。如果不保持锁止状态，则需对变速器进行进一步的维修		
2. 制动器	a. 行车制动器 将车辆挂档，并在车辆行驶过程中进行制动，确保制动操作平滑有效 b. 驻车制动器 在陡坡上停止车辆；用力踩下行车制动器时，将变速器置于"N"位，并使用驻车制动器；慢慢松开行车制动器，以检查驻车制动器是否保持其位置		
3. 转向控制	a. 检查是否间隙过大或松动 b. 检查转向盘的中央		
4. 振动和抖动	查找"嘎嘎"声、振抖和不正常振动的发生位置；验证发动机、变速器、车桥和车身处无噪声发出		

路试之后	检查内容	检查结果	维修人
1. 冷却液液位	在正常工作温度下检查储液罐内的冷却液液位处于"F"（高）与"L"（低）标记之间；检查冷却系统是否泄漏；检查并确认冷却液冰点在规定范围内		
2. 机舱内的软管、液体管路	检查所有管路和连接；验证其正确布置，连接是否泄漏并根据需要紧固松动的插接器		

收尾步骤	检查内容	检查结果	维修人
1. 前照灯对光	检查前照灯对光的状况		
2. 行李舱	检查行李舱地板垫、备用轮胎、千斤顶、千斤顶把手和工具包		
3. 车外和车内	清洗车辆，以清除准备新车时留下的路面污垢和其他污物；清洁内、外玻璃表面；拆下所有的保护罩；清除车身底漆飞漆、多余的车窗密封剂和多余的密封条粘合剂；撕下运输和检查标签		

车辆外部环车检查过程中，除了需要在表格中登记外，还需要在图1-4-2中做相对应位置的标记。

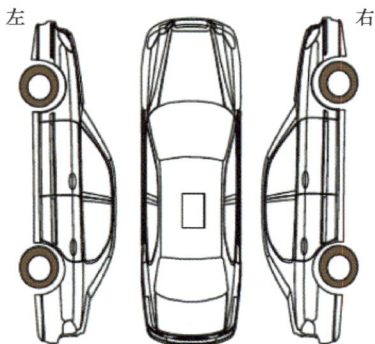

图1-4-2 车辆外观损伤标记

实践技能

1.4.4 吉利 EV450 纯电动汽车新车交付

1. 车身检查

车身主要检查保护膜、车外、门锁和车门铰链、车门、后视镜、车窗等。

1）通过目测的方法，检查车辆外部漆面是否平整、无剐蹭，前/后灯罩是否完好、无破损，轮胎是否无破损。

2）按动开关检查电动车窗升降是否正常、门锁开关是否正常等。

3）车内、车外后视镜调整角度时，应无卡滞；后视镜无脏污、无破裂、无老化。

4）按动中控门锁开关和电动车窗开关，相对应的车门会锁止、车窗会

升降。

2. 前机舱检查

前机舱主要检查制动总泵液位、清洗液液位、蓄电池的状况和连接情况、插接件及线束等。

1）液位应在最大刻度（MAX）和最小刻度（MIN）之间，并接近最大刻度，不够则要进行补充。蓄电池正负极插头是否老化、松脱；电解液是否足量，电眼颜色应为绿色；蓄电池电压是否为12V，若不足，需及时充电，以保证车辆正常起动。电机（电池）膨胀水箱如图1-4-3所示，暖风水加热膨胀水箱如图1-4-4所示，制动储液罐如图1-4-5所示。

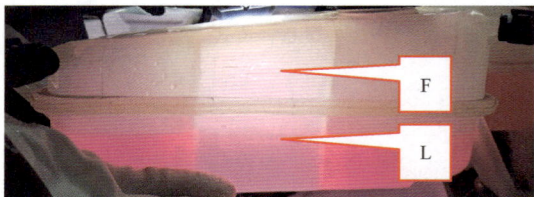

图1-4-3 电机（电池）膨胀水箱

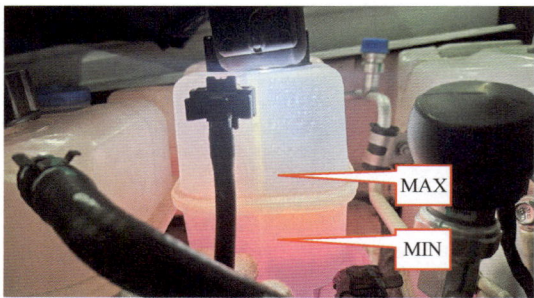

图1-4-4 暖风水加热膨胀水箱

注意：制动液成分为聚乙二醇，极易吸湿和吸潮，请勿使用开口容器中可能受水污染的制动液，使用不合

适或受污染的制动液可能导致系统故障、车辆失控和人身伤害。

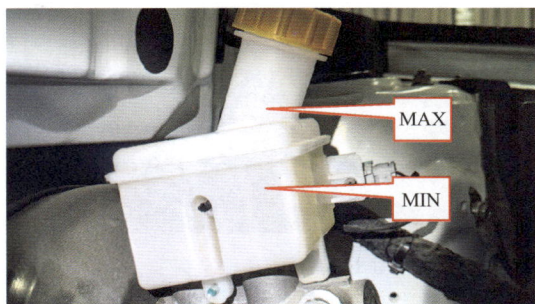

图 1-4-5 制动储液罐

注意：本车采用的为符合 SH0521 要求的电机用乙二醇型电机冷却液（防冻液），冰点 ≤ −40℃，禁止使用普通清水。电机冷却液不能混用。

2）机舱内线束是否松脱，软管是否老化、破裂。橙色线束为高压线束，检查时需要佩戴绝缘手套，否则，会发生触电危险。

3. 车辆底盘检查

底盘主要检查轮胎压力、悬架系统、转向系统和车身底部等。

1）检查轮胎表面有无割伤、胎压是否正常，若胎压明显偏低或偏高，则需要按照轮胎压力标签上所示气压值进行充气，如图 1-4-6 所示；检查轮辋及螺栓有无划伤、生锈；检查翼子板内衬是否齐全等。

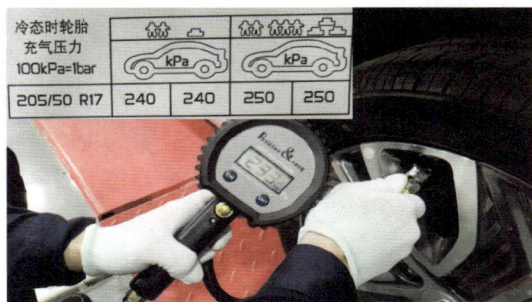

图 1-4-6 测量轮胎压力

2）检查确认各安装螺栓和螺母已拧紧。如果使用了开口销，则需确保其安装正确。包括下摆臂和上摆臂、横向稳定杆、滑柱总成。

3）对转向杆系的固定螺母和开口销进行目视检查和触摸检查，以确认转向杆系的固定螺母正确紧固且开口销正确安装。检查确认转向杆系的横拉杆和中间拉杆未出现弯曲而且横拉杆球头的锁紧螺母牢固拧紧，如图 1-4-7 所示。

a) 左侧　　　　　　b) 右侧

图 1-4-7 检查转向系统

4）检查动力蓄电池和车身底部的涂层是否损坏，如图1-4-8所示。

板等，如图1-4-10所示。

图1-4-8　检查车辆底部

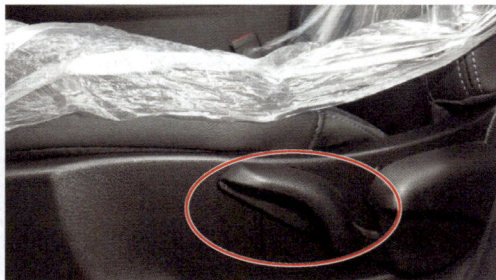

图1-4-9　座椅调节装置

4. 路试之前

路试之前主要检查座椅调节装置、仪表板控制系统、空调、暖风及除霜系统、刮水器和清洗器、制动踏板和驻车制动器的状况和座椅安全带等。

1）座椅及头枕应干净，无脏污，使用材料应一致；座椅靠背角度和座椅高度应能正常调节，在调节过程中无卡顿现象，如图1-4-9所示。

2）检查以下部件的工作情况：喇叭、前照灯、车外灯和车内灯、仪表

图1-4-10　仪表板显示系统

3）将车钥匙置于START档，打开A/C开关，检查制冷、加热功能是否正常，检查风量调节是否正常，检查各出风口是否正常，检查风量调节功能是否正常，如图1-4-11所示。

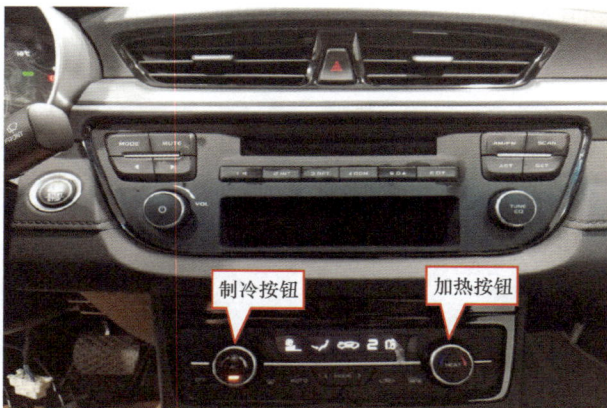

图1-4-11　空调系统制冷、加热按钮

4）完全放松驻车制动器后拉动手柄，正常情况下棘轮的响声次数不应该超过七下。

5）将车钥匙置于 START 档，打开前后刮水器，前后刮水器进入工作状态，刮水片在玻璃上运动顺畅，无异响、跳动情况。喷水器应正常工作，如图 1-4-12 所示。

图 1-4-12　刮水器及开关

6）安全带上应无挂饰品，能够平顺拉出和自动平顺回收；迅速拉出时，安全带能够自动锁止到位，无滑动现象，如图 1-4-13 所示。

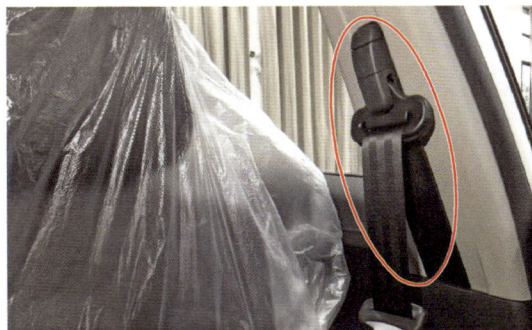

图 1-4-13　座椅安全带

5. 路试

路试主要检查变速器各档位工作情况、制动器、转向控制、电气设备等。

1）确保档位指示器在所有档位内正确排列；完全踩下加速踏板，以检查手动强制降档是否正确工作；在陡坡上停止车辆，使自动变速器处于 P 位，并慢慢松开制动踏板，以检查 P 位是否保持锁止状态。如果不保持锁止状态，则需对变速器进行进一步的维修。挂上相应档位，则会在仪表板上显示相应档位，以 D 位为例，如图 1-4-14 所示。

2）制动踏板：将车辆挂档，并在车辆行驶过程中进行制动。确保制动操作平滑有效。驻车制动器：在陡坡上停止车辆；用力踩下制动踏板时，将变速器置于 N 位，并使用驻车制动器；慢慢松开制动踏板，以检查驻车制动器是否保持其位置。

3）检查转向盘是否间隙过大或松动，检查转向盘的中央。

4）将车钥匙置于 START 档，打开音响开关，应音质顺畅、无杂音。

6. 路试之后

路试之后主要检查冷却液液位和机舱内软管、液体管路连接情况。

1）在正常工作温度下检查储液罐内的冷却液液位处于"F"（高）与"L"（低）标记之间，检查冷却系统是否泄漏，检查并确认冷却液冰点在规定范围内。

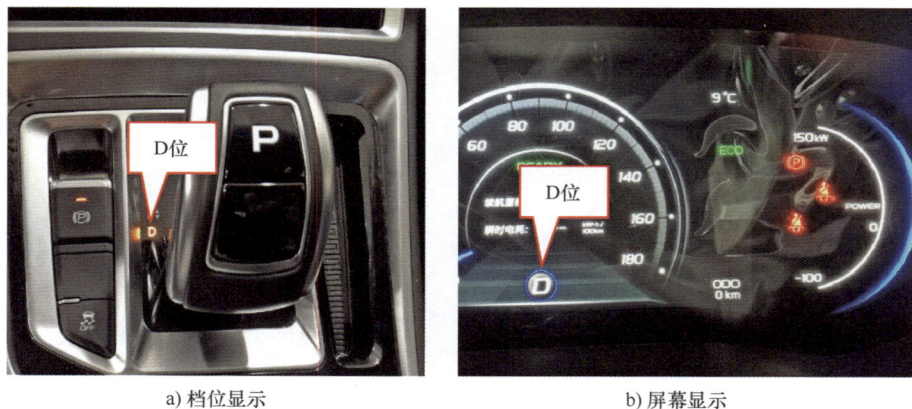

a) 档位显示   b) 屏幕显示

图 1-4-14　D 位显示和屏幕显示

2）检查所有管路和连接；验证其正确布置，连接是否泄漏并根据需要紧固松动的插接器。

7. 车辆交接

车辆交接前检查用户手册、维修手册、合格证、钥匙、车载工具、备胎、千斤顶等行李舱随车工具，应配备齐全，如图 1-4-15 所示；对全车进行清洁，确保车辆密封性良好，无漏水现象。

图 1-4-15　行李舱随车工具

⚠ **学习小结**

1. 新车交付检查（Pre-Delivery Inspection），简称 PDI。新车销售在标准销售流程中起到"承上启下"的作用，是与客户保持良好关系的开始。

2. 新车交付的流程为交付前的准备工作、交车客户接待、实车操作、交车仪式及送别客户。

3. 吉利 EV450 纯电动汽车的新车交付检查项目包括车身检查，前机舱检查，车辆底盘、路试之前、路试、路试之后和收尾步骤检查。

4. 本车采用的冷却液为符合 SH0521 要求的电机用乙二醇型电机冷却液（防冻液），冰点 ≤ −40℃，禁止使用普通清水。电机冷却液不能混用。

学习情境 2

电驱动系统维护

学习目标

1. 能正确对新能源汽车进行快、慢充电作业。
2. 能正确对新能源汽车动力蓄电池进行维护作业。
3. 能正确对驱动电机、电机控制器进行维护。
4. 能正确地对减速驱动桥进行换油作业。
5. 能正确添加或更换冷却液。
6. 能正确更换电动水泵。

学习单元 2.1 动力蓄电池维护

情境导入

小王有一辆吉利 EV450 纯电动汽车，行驶里程达到 20000km 时，维护提示灯点亮，到 4S 店后，技师小李根据维护要求对动力蓄电池进行维护，你知道动力蓄电池维护的具体内容吗？在操作过程中需要注意什么？

理论知识

动力蓄电池的直接作用是为电动汽车提供动力来源的电源，很多电动汽车的动力蓄电池采用三元锂电池，这种电池以钴酸锂、锰酸锂或镍酸锂等化合物为正极，以可嵌入锂离子的碳材料为负极使用有机电解质。

2.1.1 新能源汽车动力蓄电池的分类

目前市面上比较常见的动力蓄电池主要有磷酸铁锂电池、三元锂电池、镍氢电池和燃料电池四种。

1. 磷酸铁锂电池

优点：安全性能高、使用寿命长、高温性能好、大容量、无记忆效应、重量轻、环保等，如图 2-1-1 所示。

缺点：能量密度低、电池制作成本高、成品率低、一致性差。

2. 三元锂电池

锂电池是一类由锂金属或锂合金为负极的材料，使用非水电解质溶液

的电池，如图 2-1-2 所示。最早发现锂电池的是伟大发明家爱迪生，主要通过氧化还原反应来充放电。

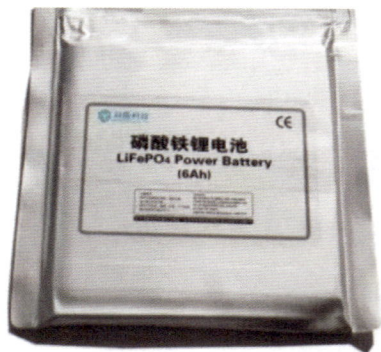

图 2-1-1 磷酸铁锂电池

图 2-1-2 三元锂电池

优点：能量密度高、使用寿命长、额定电压高、具备高功率承受能力、自放电率低、重量轻、高温适应性强、绿色环保。

缺点：安全性差、不能大电流放电、价格昂贵、生产要求高、成本高、高低温使用危险性大。

3. 镍氢电池

镍氢电池是正极活性物质主要由镍制成、负极活性物质主要由储氢合金制成的一种碱性蓄电池，如图 2-1-3 所示。镍氢电池是在 1960 年发展起来的新型绿色电池，它的创始人是自学成才的斯坦福。

优点：放电电流大、能量密度高（续驶能力强）、发热量小。

缺点：具有记忆效应、在充放电过程中容易衰减（过充过放电衰减更厉害）。

图 2-1-3　镍氢电池

4. 燃料电池

燃料电池是一种将存在于燃料与氧化剂中的化学能直接转化为电能的发电装置，如图 2-1-4 所示。

优点：能量转换效率高、安装点灵活多样、负荷响应快、过载能力强。

缺点：造价高、氢气储存不便。

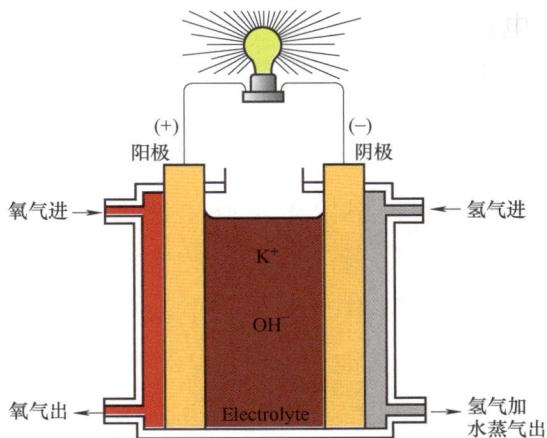

图 2-1-4　燃料电池

2.1.2　新能源汽车动力蓄电池的特点

1. 比能量大

电池的输出能量是指在一定的放电条件下，电池所能做出的电功，它等于电池的放电容量和电池平均工作电压的乘积，其单位常用瓦时（W·h）表示。

电池的比能量有两种：一种叫作重量比能量，用瓦时 / 千克（W·h/kg）表示；另一种叫作体积比能量，用瓦时 / 升（W·h/L）表示。比能量的物理意义是电池为单位重量或单位体积时所具有的有效电能量，它是比较电池性能优劣的重要指标。

2. 比功率高

电池的功率是指在一定的放电条件下，电池在单位时间内所能输出的能量。单位是瓦（W）或千瓦（kW）。电池的单位重量或单位体积的功率称为电池的比功率，它的单位是瓦/千克（W/kg）或瓦/升（W/L）。如果一个电池的比功率较大，则表明在单位时间内，单位重量或单位体积中输出的能量较多，即表示此电池能用较大的电流放电。因此，电池的比功率也是评价电池性能优劣的重要指标之一。

3. 储存性能好

电池经过干储存（不带电解液）或湿储存（带电解液）一定时间后，其容量会自行降低，这个现象称自放电。所谓"储存性能"是指电池开路时，在一定的条件下（如温度、湿度）储存一定时间后自放电的大小。

电池在储存期间，虽然没有放出电能量，但是在电池内部总是存在着自放电现象。即使是干储存，也会由于密封不严，进入水分、空气及二氧化碳等物质，使处于热力学不稳定状态的部分正极和负极活性物质构成微电池腐蚀机理，自行发生氧化还原反应而白白消耗掉。如果是湿储存，氧化还原反应更为明显。长期处在电解液中的活性物质也是不稳定的。负极活性物质大多是活泼金属，都会发生

阳极自溶。在酸性溶液中，负极金属是不稳定的，在碱性溶液及中性溶液中也非十分稳定。

4. 自放电小

自放电的大小，也能用电池储存至某规定容量时的天数表示，称为储存寿命。储存寿命有两种，即干储存寿命和湿储存寿命。使用时才加入电解液的电池储存寿命，习惯上也称为干储存寿命。干储存寿命可以很长。出厂前已加入电解液的电池储存寿命，习惯上称为湿储存寿命（或湿荷电寿命）。湿储存时自放电严重，寿命较短。如银锌电池的干储存寿命可达5~8年，但它的湿储存寿命通常只有几个月。

2.1.3 新能源汽车的充电方式

1. 直流充电技术

直流充电是指通过直流充电桩（图2-1-5），将电网交流电转化为直流电，通过充电连接装置直接给动力蓄电池充电的充电方式。

图 2-1-5 直流充电桩

直流充电电流一般为 120A 左右，目前，直流充电多应用于城市公共充电设施以及城际间高速服务区充电站，市面上的纯电动车一般都支持交流慢充和直流快充两种充电方式。

2. 交流充电方式

交流充电（或者说家用电充电）一般指单相或三相交流电通过车内的充电器经过整流、滤波、功率因数校正后，转换为合适电压的直流电，进而对动力蓄电池进行充电的方式。

交流充电枪利用的是标准充电接口，如图 2-1-6 所示，采用传导方式为电池充电。由于采用较小电流的恒压或恒流电流，一般充电时间为 13h 左右，最长可达 30h。

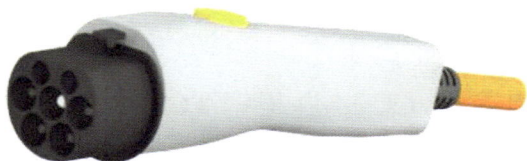

图 2-1-6　交流充电枪接口

因此，该方式一般适用于车辆停运时间长（多为夜间）的充电。比如，在自家停车位过夜充或者用车载充电装置接电充电。

3. 换电技术

换电技术是电动车能达到和传统燃油车加油相近速度的续驶方式，它目前已经在公共交通领域和物流领域得到了实现。该技术通过全自动或者半自动机械设备，进行更快速的电池更换，通过电池更换的方式实现电动汽车电能的补给。

一般情况下，电池更换时间只需 2~10min 内即可完成，完全可和汽油车去加油站加油所需时长相媲美。例如，蔚来汽车上线了电池租用 BAAS 购车模式，此项模式购车不需要购买电池，使用电池时只需要每月缴费就可以，当电池没有电时，将车开到换电站进行换电，3min 就能换上一台满电的电池，如图 2-1-7 所示。

图 2-1-7　蔚来汽车换电技术

4. 无线充电技术

给电动汽车电池充电并不一定要靠电缆连接，手机都已经实现了无线充电功能，电动汽车电池无线充电也即将实现，如图 2-1-8 所示。

图 2-1-8　电动汽车无线充电技术

无线充电技术其实是基于电磁感应原理，在一定空间范围内的电能无线传输。

据了解，目前已经有多家车企以及第三方科技公司都有对无线充电技术进行研发。比如，日产聆风研发的无线充电系统和高通研发的 Halo 无线充电系统技术都较为成熟。

2.1.4 吉利 EV450 纯电动汽车的动力蓄电池及充电系统

1. 吉利 EV450 纯电动汽车的动力蓄电池

（1）安装位置 动力蓄电池总成安装在车体下部，如图 2-1-9 所示。本车动力蓄电池采用三元锂电池（Lithium Ion Battery）：以钴酸锂、锰酸锂或镍酸锂等化合物为正极，以可嵌入锂离子的碳材料为负极，使用有机电解质。

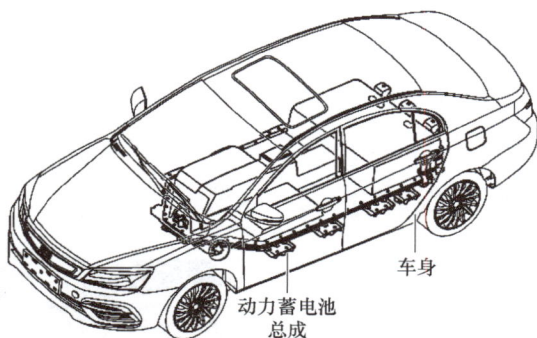

图 2-1-9 吉利 EV450 纯电动汽车动力蓄电池安装位置

（2）结构及作用 动力蓄电池的组成部件包括各模组总成、CSC 采集系统、电池控制单元（BMU）、电池高压分配单元（B-BOX）等。

1）电池单体（Cell）。是直接将化学能转化为电能的基本单元装置，包括电极、隔膜、电解质、外壳和端子，并被设计成可充电。

2）电池模组（Module）。将一个以上电池单体按照串联、并联或串并联方式组合，且只有一对正负极输出端子并作为电源使用的组合体。

3）CSC 采集系统。每一个电池单元有多个 CSC 采集系统，以监测其中每个电池单体或电池组单体电压、温度信息。CSC 采集系统将相关信息上报电池控制单元（BMU），并根据 BMU 的指令执行单体电压均衡。

4）BMU。安装于动力蓄电池总成内部，是电池管理系统（BMS）的核心部件，BMU 将单体电压、电流、温度及整车高压绝缘等信息上报整车控制器（VCU），并根据 VCU 的指令完成对动力蓄电池的控制。

5）电池高压分配单元（B-BOX）。安装在动力蓄电池总成的正负极输出端，由高压正极继电器、高压负极继电器、预充继电器、电流传感器和预充电阻等组成。

6）直流母线。位于前副车架上部，在高压零部件检查和维护前，断开直流母线可以确保切断高压。具体方法是：断开 12V 蓄电池正、负极电缆，等待 5min 后，举升车辆，拔下直流母线连接充电器端插件。

2. 吉利 EV450 纯电动汽车的充电系统

充电系统从功能上分为快充、慢充、低压充电、制动能量回收四项。

（1）快充（直流高压充电） 当直流充电设备接口连接到整车直流充电口，直流充电设备发送充电唤醒信号给 BMS，BMS 根据动力蓄电池的可充电功率，向直流充电设备发送充电电流指令。同时，BMS 吸合系统高压正极继电器和高压负极继电器，动力蓄电池开始充电。充电时间：48min 可充电 80%。直流充电流量传递路线如图 2-1-10 所示。

图 2-1-10 直流充电流量传递路线

（2）慢充（交流高压充电） 当车辆处于交流充电模式下，车载充电器检测交流充电接口的 CC、CP 信号（充电枪插入、导通信号）并唤醒 BMS，BMS 唤醒车载充电器并发送指令充电，同时闭合主继电器，动力蓄电池开始充电。充电时间：预估

13~14h 可充满。交流充电流量传递路线如图 2-1-11 所示。

图 2-1-11 交流充电流量传递路线

（3）低压充电 高压上电前，低压电路系统依赖 12V 铅酸蓄电池供电，当高压上电后，电机控制器内部的 DC-DC 转换器将动力蓄电池的高压直流电转换成低压直流电（14V 左右）为 12V 铅酸蓄电池充电，如图 2-1-12 所示。

（4）制动能量回收 能量回收系统是在车辆滑行或制动过程中，驱动电机从驱动状态转变成发电状态，将车辆的动能转换为电能储存在动力蓄电池中。

车辆在滑行或制动时，VCU 根据当前动力蓄电池状态和制动踏板位置信号，计算能量回收转矩并发送指令给电机控制器，启动能量回收。制动能量回收传递路线与能量消耗相反，如图 2-1-13 所示。

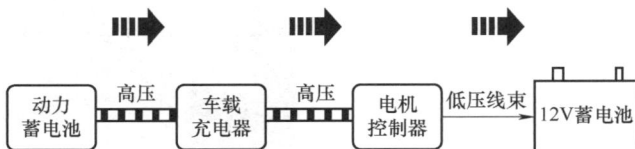

图 2-1-12 低压充电流量传递路线

消耗能量传递路线　　　　　　制动能量回收传递路线

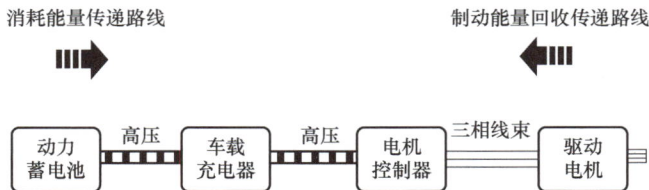

图 2-1-13　制动能量回收传递路线

📈 **实践技能**

吉利 EV450 纯电动汽车电池组的升级比较明显，使用了单体 153A·h 的电芯串联组成的，容量提升到了 52kW·h，质量却有所减小，仅为 380kg。能量的密度达到了 142W·h/kg，处于行业的领先水平。

除了高电量和高能量密度之外，吉利 EV450 纯电动汽车电池组还使用了创新的材料，电池箱上盖为新型玻璃钢材料构成的，下箱体使用铝型材，实现了轻量化和高强度的结合。

2.1.5　吉利 EV450 纯电动汽车动力蓄电池检查

1. 外观检查

检查动力蓄电池托盘有无变形/磕碰、防撞梁有无损坏、动力蓄电池高低压插接器清洁度/腐蚀/破损/紧固情况。动力蓄电池铭牌信息：标称电压：346V；电池容量：150A·h。

2. 紧固检查

检查动力蓄电池总成紧固螺栓是否锈蚀及紧固情况、接地线束紧固情况。动力蓄电池紧固螺栓紧固力矩：78N·m；动力蓄电池接地线紧固情况：①力矩：9N·m；②接地电阻：实测值：0Ω，标准值：≤ 0.1Ω。

3. 动力蓄电池总成拆卸

注意：准备更换动力蓄电池前应关闭点火开关，拆下低压蓄电池负极连接线与高压母线插头，车辆举升到合适高度时，举升机要锁止安全锁；电池移动举升平台上升接触到动力蓄电池底部再进行拆卸工作。

1）关闭启动开关，打开机舱。

2）断开蓄电池负极接线柱，如图 2-1-14 所示。

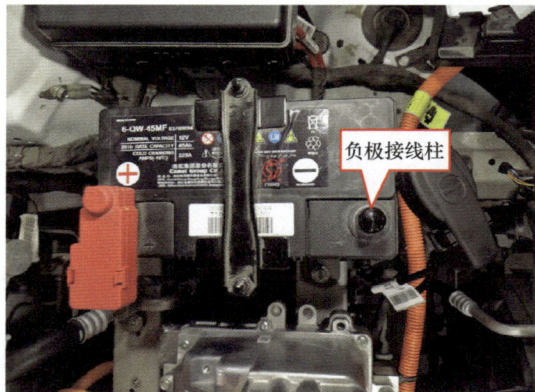

图 2-1-14　蓄电池负极接线柱

3）断开直流高压母线：

a. 向上推动直流母线插头卡扣保险，如图 2-1-15 所示。

b. 拆卸直流母线连接充电器端插件，如图 2-1-16 所示。

图 2-1-15　直流母线插头卡扣保险正确方向

图 2-1-16　直流母线连接充电器端插件

4）支撑动力蓄电池总成：

a. 将车辆用举升机升起。

b. 置入平台车，使用平台支撑动力蓄电池总成。

5）拆卸动力蓄电池总成：

a. 断开动力蓄电池出水管与水泵（电池）的连接，如图 2-1-17 所示。

b. 断开动力蓄电池进水管与膨胀水箱的连接，如图 2-1-17 所示。

备注：已提前将电池冷却液排出。

图 2-1-17　动力蓄电池进、出水管与膨胀水箱和水泵的连接

c. 断开动力蓄电池的两个高压线束插接器 2，如图 2-1-18 所示。

d. 断开动力蓄电池与前机舱线束的两个低压线束插接器 1，如图 2-1-18 所示。

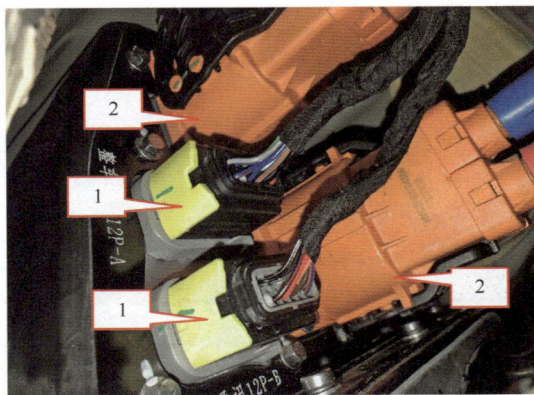

图 2-1-18　插接器
1—动力蓄电池高压线束的插接器
2—动力蓄电池与前机舱线束插接器

e. 拆卸动力蓄电池搭铁线紧固螺栓，如图 2-1-19 所示。

图 2-1-19　动力蓄电池搭铁线紧固螺栓

f. 拆卸动力蓄电池防撞梁四个紧固螺栓，如图 2-1-20 所示。

g. 拆卸动力蓄电池总成后部三个紧固螺栓，如图 2-1-21 所示。

图 2-1-20　动力蓄电池防撞梁四个紧固螺栓

图 2-1-21　动力蓄电池总成后部三个紧固螺栓

h. 拆卸动力蓄电池总成前部两个紧固螺栓，如图 2-1-22 所示。

i. 拆卸动力蓄电池总成左右各七个紧固螺栓，如图 2-1-23 所示。

图 2-1-22　动力蓄电池总成前部两个紧固螺栓

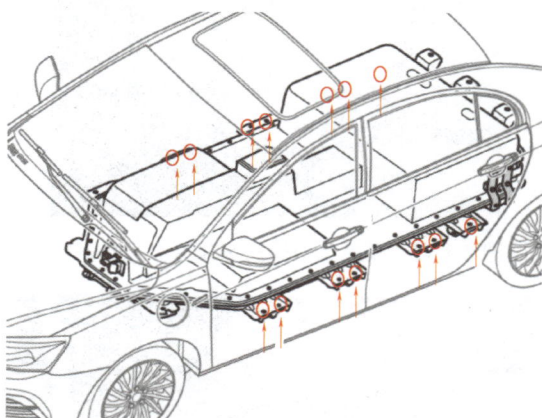

图 2-1-23　动力蓄电池总成左右各七个紧固螺栓

j. 缓慢下降平台车取出动力蓄电池总成。

注意：动力蓄电池下降过程中平台车缓慢向前移动，可以避免动力蓄电池与后悬架的干涉。

4. 动力蓄电池总成安装

1）安装动力蓄电池总成：

a. 缓慢举升平台车，调整平台车位置，使动力蓄电池总成上的安装孔与车身对齐。

注意：动力蓄电池上升过程中降举升平台缓慢向后移动，可以避免动力蓄电池与车身的干涉。

b. 安装并紧固动力蓄电池总成后部三个紧固螺栓，力矩为 78N·m。

c. 安装并紧固动力蓄电池总成前部两个紧固螺栓，力矩为 78N·m。

d. 安装并紧固动力蓄电池总成左右各七个紧固螺栓，力矩为 78N·m。

e. 连接动力蓄电池与前机舱线束的两个线束插接器。

f. 连接动力蓄电池的两个高压线束插接器。

注意：插接时注意"一插、二响、三确认"。

g. 安装动力蓄电池搭铁线紧固螺栓，力矩为 9N·m。

h. 连接动力蓄电池出水管与水泵（电池）。

i. 连接动力蓄电池进水管与膨胀水箱。

注意：插接时注意"一插、二响、三确认"。

2）直流母线连接充电器端插件。

3）连接蓄电池负极电缆。

4）加入电池冷却液，进行规范排气操作。

5）关闭机舱盖。

2.1.6　吉利 EV450 纯电动汽车充电系统检查

1. 检查充电口

检查各充电口处是否有异物、烧蚀等情况。

交流充电口安装在左前翼子板上，直流充电口安装在车身左后侧。充电时，根据选择的充电类型，连接交流充电插头或者直流充电插头到相应的充电插座，连接正确后开始充电。充电口连接后形成检测回路，当出现连接故障时，系统可以检测该故障。

2. 检查充电指示灯

检查车辆能否正常充电及充电时仪表显示是否正常。充电指示灯位于车辆充电接口上方，用于指示不同的充电状态。任意电源档位，当 BCM（车身控制模块）收到 BMS 的充电状态信息时，驱动充电指示灯工作，显示充电状态。充电指示灯状态显示说明见表 2-1-1。

表 2-1-1　充电指示灯状态显示说明

颜色	状态	说明
白色	常亮 2min	充电照明
黄色	常亮 2min	充电加热
绿色	闪烁 2min	充电过程
蓝色	常亮 2min	预约充电
绿色	常亮 2min	充电完成
红色	常亮 2min	充电故障
蓝色	闪烁 2min	放电过程

上述显示信号中，"正在充电"状态显示为即时显示，"充电完成、充电故障"显示为延时关闭，即收到相应的状态信号时显示相应的状态 15min 后自动熄灭，期间若充电状态变化（如由"充电故障"变为"正在充电"

状态）则立即切换为相应的状态。

3. 检查充电口照明灯

充电口照明灯为白色，直接由BCM控制。如图2-1-24所示。

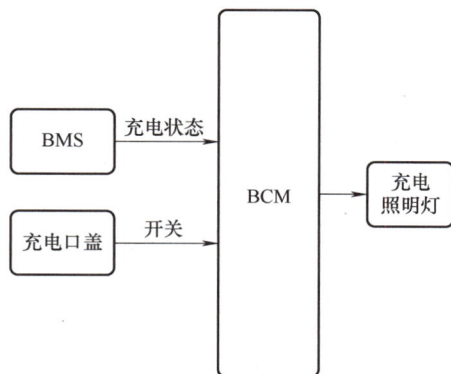

图 2-1-24　充电口照明灯控制逻辑

充电口照明灯控制逻辑如下：

1）当高压电池处于未充电的状态时，充电口盖打开，BCM立即驱动充电口照明灯工作3min，工作期间检测到充电枪插入3s后停止驱动或充电口盖关闭，则立即停止驱动充电口照明灯。

2）当充电口盖为打开状态，车门状态由关闭变为打开状态，BCM立即驱动充电口照明灯工作3min，工作期间当高压电池转变为充电状态3s后停止驱动或充电口盖关闭，则立即停止驱动充电口照明灯。

3）OFF档时，当充电口盖为打开状态，BCM接收到PEPS发送的解锁信息，则立即驱动充电口照明灯工作3min，工作期间如收到车辆上锁信息或充电口盖变为关闭状态，则立即驱动充电口照明灯熄灭。

4）OFF档时，当充电口盖为打开状态，BCM接收到PEPS发送的遥控寻车信息，则立即驱动充电口照明灯工作3min，工作期间如收到车辆上锁信息延迟3s后熄灭或充电口盖变为关闭状态，则立即驱动充电口照明灯熄灭。

5）任意情况下，充电口盖关闭或车速大于2km/h，则立即停止驱动充电口照明灯。

⚠ 学习小结

1. 锂电池是一类由锂金属或锂合金为负极的材料，使用非水电解质溶液的电池。最早发现锂电池的是伟大发明家爱迪生，主要通过氧化还原反应来充放电。
2. 新能源汽车动力蓄电池的特点为比能量大、比功率高、储存性能好、自放电小。
3. 直流充电是指通过直流充电桩，将电网交流电转化为直流电源，通过充电连接装置直接给动力蓄电池充电的充电方式。
4. 在进行动力蓄电池维护之前，需要先规范下电：关闭启动开关，打开机舱→断开蓄电池负极电缆→佩戴绝缘手套拆下直流母线插头→静待5min。

学习单元 2.2 驱动系统维护

情境导入

　　小李在吉利新能源汽车 4S 店实习，今天师傅告诉他需要对吉利 EV450 驱动系统进行维护，你知道维护主要包括哪些内容吗？在维护过程中的注意事项有哪些？

理论知识

　　电驱动系统是新能源汽车的核心部件，良好性能的电驱动系统将成为各大车企竞争的核心竞争力。国外整车和零部件企业均已经开展了集成式电驱动系统的开发，并逐步进入中国市场，并将对国内市场造成冲击。一体化、高速化、大速比等将成为电驱动系统的发展趋势。

2.2.1 新能源汽车驱动系统

1. 新能源汽车对驱动系统的要求

　　电驱动系统是电动汽车的核心，电动汽车对驱动系统的要求很高。一般认为，驱动系统应符合下列要求：

　　1）瞬时功率大，短时过载能力强，以满足爬坡及加速的需要。

　　2）调速范围宽广。

　　3）在运行的全部速度范围和负载范围内有较高的效率。也就是在电机

所有工作范围内综合效率高，以尽量提高电动汽车一次续驶里程。

　　4）可靠性高，使用方便简单，价格低廉。

　　5）功率密度高，体积小，重量轻。

2. 新能源汽车对驱动电机的要求

　　目前对于电动汽车性能的评定，主要是考虑以下三个性能指标：

　　1）最大行驶里程（km）：电动汽车在电池充满电后的最大行驶里程。

　　2）加速能力（s）：电动汽车从静止状态加速到一定的时速（比如百公里）所需要的最少时间。

　　3）最高时速（km/h）：电动汽车所能达到的最高时速。

3. 新能源汽车驱动电机分类

　　电动汽车经常采用的驱动电机有直流电机、异步电动机、永磁同步电机和开关磁阻电机四类，见表 2-2-1。

表 2-2-1　新能源汽车驱动电机分类

电机类型	优　点	缺　点	现　状	运用车型
直流电机	成本低、易控制、调速性能良好	结构复杂、转速低、体积大、维护频繁	基本上处于淘汰阶段，应用车型都是早期上市车型	早期部分车型
永磁同步电机	效率高、结构简单、体积小、重量轻	成本较高、高温下磁性衰退	被广泛使用，成为主流电机，目前被各大新能源汽车品牌车型选用	比亚迪秦、比亚迪宋 DM、宋 EV300、北汽 EV 系列、腾势 400、众泰 E200、荣威 ERX5 等
异步电动机	结构简单、可靠性好、成本易控	效率低、调速性差	只是少量车型选用，但也不乏主流车型，从目前来看，该类电机不会成为趋势	特斯拉 Model S、Modle X、江铃 E200、江铃 E100、江铃 E160、众泰云 100S、芝麻 E30 等
开关磁阻电机	结构简单、体积小轻便、效率高、成本低	振动噪声大、输出转矩脉动大	暂未被广泛应用，但未来有可能因为其优良特性，而成为主流电机	/

2.2.2　吉利 EV450 纯电动汽车驱动系统

吉利 EV450 纯电动汽车驱动系统主要由驱动电机、电机控制器和减速器等部件组成，搭载的永磁同步电机最大功率为 120kW，最大转矩为 250N·m，电池容量为 52kW·h，工信部测得的纯电续驶里程为 450km。

减速器介于驱动电机和驱动半轴之间，驱动电机的动力输出轴通过花键直接与减速器输入轴齿轮连接。一方面减速器将驱动电机的动力传给驱动半轴，起到降低转速、增大转矩的作用，另一方面满足汽车转弯及在不平路面上行驶时，左右驱动轮以不同的转速旋转，保证车辆的平稳运行。动力传递路线如图 2-2-1 所示。

1. 驱动电机总成

吉利 EV450 纯电动汽车采用永磁

同步电机，是动力系统的重要执行机构，是电能与机械能转化的部件，且自身的运行状态等信息可以被采集到驱动电机控制器。其基本参数见表 2-2-2。

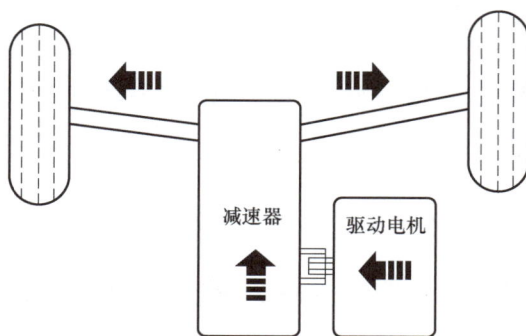

图 2-2-1　驱动电机动力传递路线图

驱动电机由前端盖、后端盖、定子壳体总成、转子总成、轴承和低压插接件组成，其内部结构如图 2-2-2 所示，三相交流电被接入到定子线圈中，即产生了旋转的磁场，这个旋转的磁场牵引转子内部的永磁体，产生和旋转磁场同步的旋转转矩。

表 2-2-2　吉利 EV450 纯电动汽车驱动电机基本参数

类　　型		永磁同步
电机旋转方向		从轴伸端看电机逆时针旋转
温度传感器类型		NTC
温度传感器型号		SEMITEC 13-C310
性能参数	额定 / 峰值功率 /kW	42/120
	额定 / 峰值转矩 /N·m	105/250
	额定 / 峰值转速 /（r/min）	4200/12000
冷却液类型		乙二醇型防冻液，冰点 ≤ −40℃
冷却液流量要求 /（L/min）		8

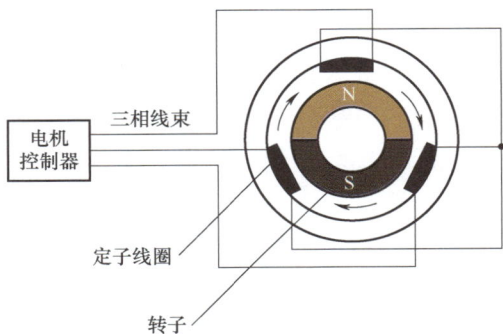

图 2-2-2　吉利 EV450 纯电动汽车驱动电机内部简图

使用旋转变压器检测转子的位置和电流传感器检测线圈的电流，从而控制驱动电机的转矩输出。旋变信号的作用是反映驱动电机转子当前的旋转相位，电机控制器通过旋变信号计算当前的驱动电机转速。本车采用磁阻式旋转变压器。驱动电机如图 2-2-3 所示，旋变转子与驱动电机转子同轴连接，随电机转轴旋转。

2. 电机控制器总成

（1）结构　电机控制器内部包含一个 DC/AC 逆变器和一个 DC/DC 直流变换器，逆变器由 IGBT、直流母线电容、驱动和控制电路板等组成，实现直流（可变的电压、电流）与交流（可变的电压、电流、频率）之间的转变。直流转换器由高低压功率器件、变压器、电感、驱动和控制电路板等组成，实现直流高压向直流低压的能量传递。电机控制器还包含冷却器（通过冷却液）给电子功率器件散热，如图 2-2-4 所示。

图 2-2-3　驱动电机

（2）原理　电机控制器安装在前舱内，采用 CAN 通信控制，控制着动力蓄电池组到电机之间能量的传输，同时采集电机位置信号和三相电流检测信号，精确地控制驱动电机运行。

电机控制器是一个既能将动力蓄电池中的直流电转换为交流电以驱动电机，同时具备将车轮旋转的动能转换为电能（交流电转换为直流电）给动力蓄电池充电的设备。车辆制动或滑行阶段，电机作为发电机应用。

它可以完成由车轮旋转的动能到电能的转换，给电池充电，如图 2-2-5 所示。

DC/DC 变换器集成在电机控制器内部，其功能是将电池的高压电转换成低压电，提供整车低压系统供电。

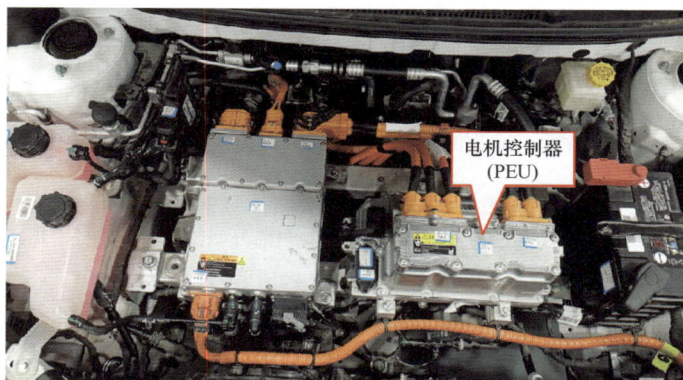

图 2-2-4　电机控制器

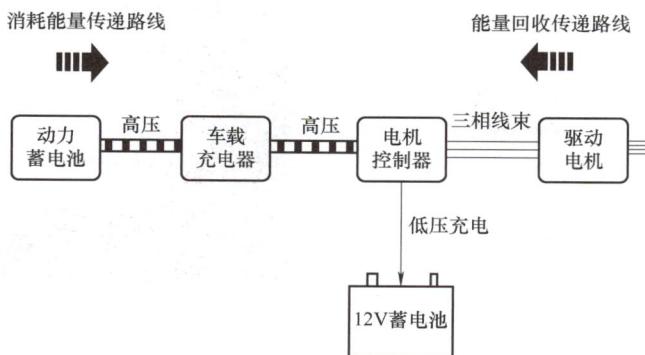

图 2-2-5　吉利 EV450 纯电动汽车能量消耗 / 回收传递路线

3. 减速器总成

吉利 EV450 纯电动汽车采用单速比减速器，只有一个前进档、一个倒车档、一个空档和一个驻车档。当车辆处在驻车档时，减速器会通过一套锁止装置锁止减速器。其基本参数见表 2-2-3，其结构如图 2-2-6 所示。

表 2-2-3　吉利 EV450 纯电动汽车减速器基本参数

减速器油牌号		Dexron Ⅳ
减速器油量 /L		1.7 ± 0.1
润滑方式		飞溅润滑
性能参数	效率	>95%
	转矩容量 /N·m	300
	转速范围 /（r/min）	≤ 14000
减速器速比		8.28：1

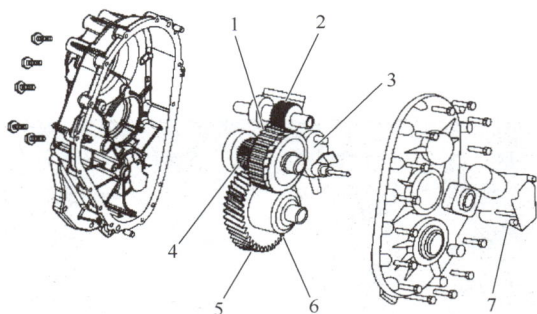

图 2-2-6 吉利 EV450 纯电动汽车减速器内部结构图
1—中间轴输入齿轮 2—输入轴齿轮 3—驻车棘爪
4—中间轴输出齿轮 5—输出轴齿轮 6—差速器
7—驻车电机

实践技能

2.2.3 吉利 EV450 纯电动汽车驱动系统的维护

1. 驱动电机的维护

（1）日常维护 驱动电机的日常维护包括清洁、紧固、检查、补充。

1）清洁：把电机表面、电机线缆等处的污垢清理干净。

2）紧固：紧固电机的紧固螺栓，紧固电机的附件线束等。

3）检查：检查电机表面是否有破裂、破损及锈蚀，检查线束是否有开路和短路等故障。

4）补充：电机的冷却需要冷却液，定期补充冷却液。

（2）定期维护 驱动电机的定期维护包括安全防护、绝缘检查、电机与电机控制器冷却检查和外部检查。

1）安全防护。

目的：检查外观有无磕碰、损坏。

方法：将车辆举升，目测驱动电机底部有无磕碰、划伤和损坏的现象，如图 2-2-7 所示。目测线束插头有无破损、老化的现象，如图 2-2-8 所示。

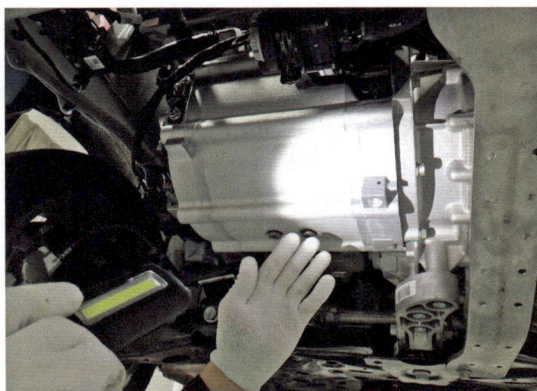

图 2-2-7 目测驱动电机底部

图 2-2-8 目测线束插头

2）绝缘检查。

目的：防止驱动电机短路。

方法：将驱动电机 U/V/W 拆开，检测三相电绕组对地绝缘电阻，用绝缘电阻测试仪检测，阻值应大于或等于 20MΩ。

3）电机与电机控制器冷却检查。

目的：检查电机与电机控制器冷却液循环制冷效果。

方法：捏紧冷却液管使其水道内部阻力增大，使冷却液泵转速变小、声音发生变化，如无声音变化，则水道内冷却液没有循环，需放气。工具为卡环钳和螺钉旋具。

4）外部检查。

目的：清洁电机及电机控制器表面。

方法：使用压缩空气吹驱动电机及电机控制器，禁止使用潮湿的布和高压水枪进行清洁。工具为空气压缩机。

2. 电机控制器的维护

注意：在进行以下作业前要先对车辆高压下电。

1）检查各冷却水管是否老化、堵塞。

2）检查高压插接件是否插接牢靠。

3）对电机控制器进行表面清洁。

3. 减速器的维护

1）检查减速器是否漏油，对于非换油作业而举升车辆时，也应检查减速器是否漏油。

2）减速器油位检查。

a. 举升车辆。

b. 检查减速器油位。

c. 将车辆水平放置，并让减速器内部的油冷却，拆卸加注孔螺塞并检

查油位。加注孔螺塞位置如图 2-2-9 所示。

图 2-2-9 吉利 EV450 纯电动汽车减速器加注孔螺塞位置

d. 减速器油面应该与加注孔下缘齐平。

注意：如果液面过低，通过加注孔螺塞添加专用的减速器油，直到油液开始流出。

e. 重新安装并紧固加注孔螺塞。力矩为 19~30N·m（公制）。

3）减速器油的加注和更换。

注意：加注减速器油时，车辆应停放在水平路面上。

a. 举升车辆。

b. 拆卸机舱底部护板总成。

c. 拆卸减速器加油螺塞，如图 2-2-10 中 1 所示。

d. 拆卸减速器放油螺塞，如图 2-2-10 中 2 所示，用回收容器接收放出的减速器油。

e. 安装减速器放油螺塞，如图 2-2-10 中 2 所示，力矩为 19~30N·m。

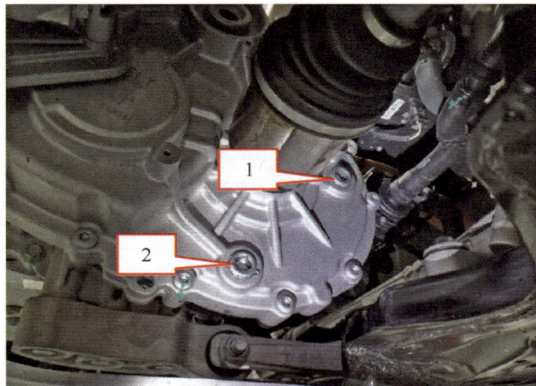

**图 2-2-10 吉利 EV450 纯电动汽车减速器
加油/放油螺塞位置**
1—减速器加油螺塞 2—减速器放油螺塞

f. 加注孔添加专用的减速器油，直到油液开始流出，参考用量：（1.7±0.1）L。

g. 重新安装并紧固加注孔螺塞，如图 2-2-10 中 1 所示，力矩为 19~30N·m。

4）安装机舱底部护板总成。

5）放下车辆。

⚠ 学习小结

1. 电动汽车经常采用的驱动电机有直流电机、异步电动机、永磁同步电机和开关磁阻电机四类。

2. 吉利 EV450 纯电动汽车驱动系统主要由驱动电机、电机控制器和减速器等高压部件组成。

3. 减速器介于驱动电机和驱动半轴之间，驱动电机的动力输出轴通过花键直接与减速器输入轴齿轮连接。一方面减速器将驱动电机的动力传给驱动半轴，起到降低转速、增大转矩的作用，另一方面满足汽车转弯及在不平路面上行驶时，左右驱动轮以不同的转速旋转，保证车辆的平稳运行。

4. 驱动电机的日常维护包括清洁、紧固、检查、补充；定期维护包括安全防护、绝缘检查、电机冷却系统检查和外部检查。

5. 减速器维护：每次维护时，需检查减速器外观，检查是否漏油；一般 60000km 更换减速器油。

学习单元 2.3 冷却系统维护

▣ 情境导入

小王的吉利 EV450 纯电动汽车开了两年，整体车况很好，今天准备开到

4S 店进行维护。小李接车后，根据维护手册的要求，需要对车辆的冷却系统进行维护，你知道冷却系统的维护主要包括哪些内容吗？在维护过程中的注意事项有哪些呢？

理论知识

　　汽车的冷却系统是保证汽车动力驱动系统性能的重要部分，是动力蓄电池、驱动系统能够正常工作的重要基础，冷却系统的技术水平及工作状况直接影响汽车性能指标。汽车冷却系统控制受到了汽车行驶工况、行驶环境等多个因素影响，是较为复杂的控制对象，除了冷却系统的本体外，其控制方法的优劣也直接影响着冷却系统性能。

　　新能源汽车（纯电动和混合动力汽车）的动力蓄电池、电机、电机控制器等部件在工作中会产生大量的热量，部件过热会严重影响其工作性能。另外，动力蓄电池组最佳工作温度为23～24℃，温度并非越低越好，在低温的环境下需要对动力蓄电池组进行加热，保持合适的工作温度，因此新能源汽车与传统汽车一样，也必须采用冷却系统。

2.3.1　吉利 EV450 纯电动汽车冷却系统

　　冷却系统的作用就是通过冷却液循环散热，为驱动电机、车载充电器（如配备）、电机控制器、动力蓄电池等部件进行散热。冷却系统（电机/电池）有两个电动水泵，电动水泵由低压电路驱动，为冷却液的循环提供压力。在电动水泵的驱动下冷却液在管路中的流向如图 2-3-1 所示。

　　驱动电机转子高速旋转会产生高温，热量通过机体传递，如果不加以降温，驱动电机无法正常工作，所以驱动电机机体内设置有冷却液道，通过冷却液的循环与外界进行热交换。这样能将驱动电机的工作温度保持在一定范围内，防止驱动电机过热。

　　车载充电器（如配备）工作时将高压交流电转化成高压直流电，其转化过程中会产生大量的热量，因此车载充电器内部也有冷却液道，通过冷却液的循环降低车载充电器的工作温度。

　　电机控制器不但控制驱动电机的高压三相供电，还要将动力蓄电池的高压直流电转化成低压直流电为铅酸蓄电池充电。在此过程中会产生热量，需要通过冷却液循环散热。

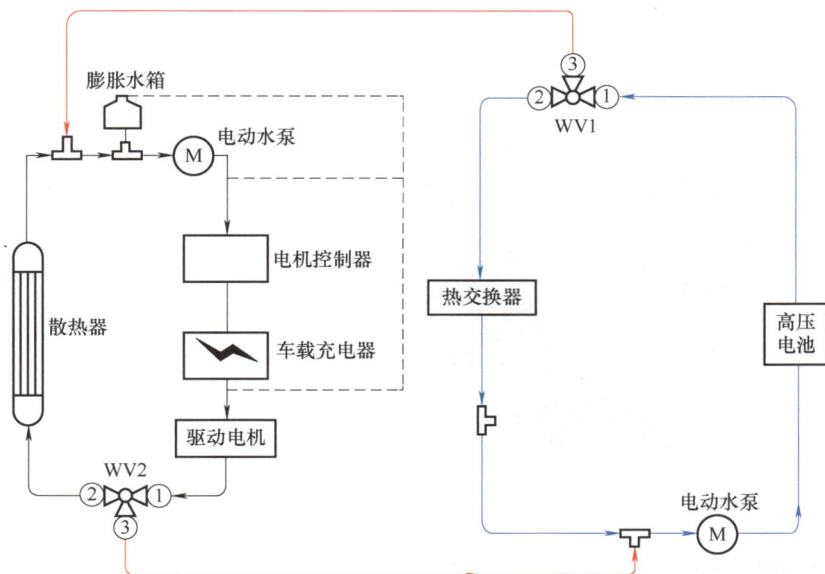

图 2-3-1　吉利 EV450 纯电动汽车冷却液在管路中的流向

高压电池工作电流大，产热量大，同时电池包处于一个相对封闭的环境，就会导致电池的温度上升。通过冷却液的循环降低动力蓄电池的工作温度。

实践技能

2.3.2　吉利 EV450 纯电动汽车冷却系统的维护

1. 冷却液检查（电池）

1）查看储液罐液面，液面位置应保持在 F 和 L 之间，如图 2-3-2 所示。

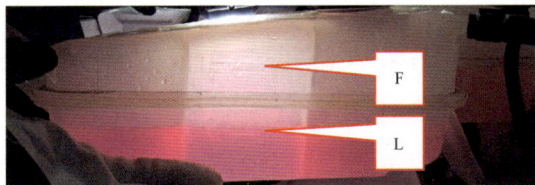

图 2-3-2　电机（电池）冷却液膨胀水箱

2）拧开加注口盖，查看冷却液颜色是否混浊，冰点是否符合要求。

注意：

a. 缓慢旋开加注口盖，散热（冷却液温度高）时切勿揭开，以免烫伤。

b. 如果冷却液不在规定范围内，应该添加，如果冷却液颜色混浊或冰点不符合要求，则应更换。

2. 冷却液更换（电池）

1）更换冷却液。

a. 打开冷却液膨胀水箱总成盖，如图 2-3-3 所示。

b. 断开散热器出水管，用回收容器接收流出的冷却液，如图 2-3-4 所示。

注意：集中回收处理动力蓄电池冷却液，等待报废或再生利用，不要将旧高压电池冷却液排入下水管道，保护环境。

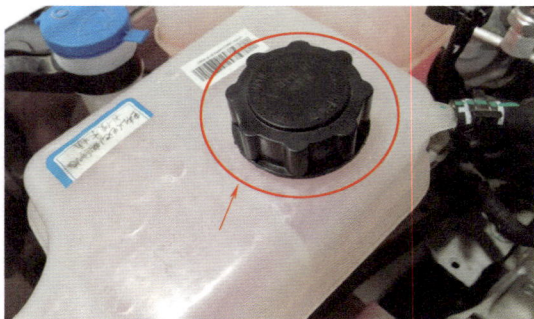

图 2-3-3 吉利 EV450 纯电动汽车冷却液（电池）膨胀水箱

图 2-3-4 吉利 EV450 纯电动汽车散热器出水管

2）加注冷却液。

a. 连接散热器出水管。

b. 管路检查：确保冷却管路连接完整。

c. 静态加注：将车辆起动至 ON 档且非充电状态，连接解码仪，选择吉利 EV450 车型→空调控制器（A/C）→特殊功能，选择加注初始化，车辆处于加注初始化状态。

d. 拧开膨胀水箱盖，缓慢加注冷却液，直至膨胀水箱内冷却液量达到 80% 左右，且液位不再下降。

注意：动力蓄电池需选用冰点

≤ −40℃的冷却液。

e. 系统排气：控制解码仪，使车辆处于排气状态，如果液位下降及时补充冷却液，排气过程时长不少于 10min。

f. 观察膨胀水箱内冷却液下降，及时补充冷却液，保持冷却液液位处于 MAX 和 MIN 之间。

g. 加注完成：拧紧膨胀水箱盖，控制解码仪，使车辆恢复默认模式。

3. 冷却液检查（暖风）

1）查看储液罐液面，液面位置应该保持在 MAX 和 MIN 之间，如图 2-3-5 所示。

图 2-3-5 冷却液（暖风）液位标准范围

2）拧开加注口盖，查看冷却液颜色是否混浊。

注意：

a. 缓慢旋开加注口盖，散热时切勿揭开，以免烫伤。

b. 如果冷却液不在规定范围内，应该添加，如果冷却液颜色混浊，则应更换。

4. 冷却液更换（暖风）

1）打开冷却液膨胀水箱总成盖，如图 2-3-6 所示。

图 2-3-6　冷却液（暖风）膨胀水箱总成盖

2）断开暖风循环水泵出水管，用回收容器接收放出的冷却液，暖风循环水泵出水管如图 2-3-7 所示。

注意：集中回收处理旧暖风冷却液，等待报废或再生利用，不要将旧暖风冷却液排入下水管道，保护环境。

图 2-3-7　暖风循环水泵出水管

3）连接暖风循环水泵水管。

4）静态加注：将车辆起动至 ON 档且非充电状态，连接解码仪，选择吉利 EV450 车型→空调控制器（A/C）→特殊功能，选择加注初始化，车辆处于加注初始化状态。

5）拧开膨胀水箱盖，缓慢加注冷却液，直至膨胀水箱内冷却液量达到 80% 左右，且液位不再下降。

注意：暖风冷却液需选用冰点 ≤ –40℃ 的冷却液。

6）系统排气：控制解码仪，使车辆处于排气状态，如果液位下降及时补充冷却液，排气过程时长不少于 10min。

7）观察膨胀水箱内冷却液下降，及时补充冷却液，保持冷却液液位处于 MAX 和 MIN 之间。

8）加注完成：拧紧膨胀水箱盖，控制解码仪，使车辆恢复默认模式。

2.3.3　吉利 EV450 纯电动汽车电动水泵（电机）的更换

1. 拆卸程序

1）打开前机舱盖。

2）断开蓄电池负极电缆。

3）拆卸电动水泵。

a. 断开电动水泵线束插接器，如图 2-3-8 所示。

b. 拆卸环箍，脱开散热器出水管（电动水泵侧），如图 2-3-8 所示。

c. 拆卸环箍，脱开电机控制器总

成进水管（电动水泵侧），如图2-3-8所示。

d. 拆卸电动水泵螺栓，如图2-3-9所示。

图2-3-8　电动水泵线束插接器、环箍

图2-3-9　电动水泵螺栓

注意：水管脱开前请在车辆底部放置容器，接住冷却液，以免污染地面。

2. 安装程序

1）安装电动水泵。

a. 放置电动水泵，安装电动水泵螺栓，力矩为9N·m。

b. 安装电动水泵线束插接器。

注意：插接时注意"一插、二响、三确认"。

c. 安装环箍，脱开散热器出水管

（电动水泵侧）。

d. 安装环箍，脱开电机控制器总成进水管（电动水泵侧）。

注意：环箍装配位置应该与管路标示线对齐。

2）加注冷却液。

3）连接蓄电池负极电缆。

4）关闭前机舱盖。

2.3.4　吉利EV450纯电动汽车电动水泵（电池）的更换

1. 拆卸程序

1）打开前机舱盖。

2）断开蓄电池负极电缆。

3）拆卸机舱底部护板总成。

4）排放电池冷却系统冷却液。

5）拆卸电动水泵（电池）。

a. 断开电动水泵线束插接器。

b. 拆卸电动水泵与水泵出水管的连接卡箍，脱开水泵出水管。

c. 拆卸电动水泵与水泵进水管的连接卡箍，脱开水泵进水管。

d. 拆卸电动水泵支架上固定螺母，取下电动水泵总成。

2. 安装程序

1）安装电动水泵（电池）。

a. 放置电动水泵，安装电动水泵支架上固定螺母，力矩为9N·m。

b. 连接电动水泵与水泵进水管，用卡箍紧固。

c. 连接电动水泵与水泵出水管，

用卡箍紧固。

　　d. 连接电动水泵线束插接器。

　　注意：插接时注意"一插、二响、三确认"。

2）安装机舱底部护板总成。

3）加注冷却液。

4）连接蓄电池负极电缆。

5）关闭前机舱盖。

⚠ 学习小结

1. 新能源汽车（纯电动和混合动力电动汽车）的动力蓄电池、电机、电机控制器等部件在工作中会产生大量热量，部件过热会严重影响其工作性能。

2. 动力蓄电池组最佳工作温度为 23~24℃，温度并非越低越好，在低温的环境下需要对动力蓄电池组进行加热，保持合适的工作温度，因此新能源汽车与传统汽车一样，也必须采用冷却系统。

3. 冷却系统的作用就是通过冷却液循环散热，为驱动电机、车载充电器（如配备）、电机控制器这三大部件进行散热。

4. 冷却液检查：看储液罐液面，液面位置应该保持在 F 和 L 之间；拧加注口盖，查看冷却液颜色是否混浊，检测冰点是否符合要求，如果混浊或冰点不符合要求，则应更换。

学习情境 3

辅助系统维护

学习目标

1. 能正确对转向系统进行维护。
2. 能正确更换电动助力转向器防尘套。
3. 能正确对制动系统进行维护作业。
4. 能熟练进行制动液的更换。
5. 能正确使用空调系统。
6. 能完成更换空调滤芯的流程。
7. 能正确检查空调制冷和供暖的效能。

学习单元 3.1　转向系统维护

📧 情境导入

　　吉利新能源汽车 4S 店来了一辆 EV450 纯电动汽车，客户表示在打转向盘时有异响，技师小李根据车辆情况检查转向系统，你知道应该检查哪些项目吗？

📋 理论知识

　　在汽车的发展历程中，转向系统经历了四个发展阶段：从最初的机械式转向系统（Manual Steering，MS）发展为液压助力转向系统（Hydraulic Power Steering，HPS），然后又出现了电控液压助力转向系统（Electro Hydraulic Power Steering，EHPS）和电动助力转向系统（Electric Power Steering，EPS）。

　　电动助力转向系统是一种直接依靠电机提供辅助转矩的动力转向系统，与传统的液压助力转向系统相比，电动助力转向系统具有很多优点。电动助力转向系统主要由转矩传感器、车速传感器、电动机、减速机构和电子控制单元（ECU）等组成。

3.1.1　汽车转向系统分类

　　常见的助力转向有机械液压助力、电子液压助力和电动助力三种。

1. 机械液压助力转向系统

　　机械液压助力是我们最常见的一种助力方式，如图 3-1-1 所示，它诞生于 1902 年，由英国人 Frederick W. Lanchester 发明，而最早的商品化应用则推迟到了半个世纪之后，1951 年克莱斯勒把成熟的液压转向助力系统应用在了 Imperial 车系上。由于技术成熟可靠，而且成本低廉，被广泛普及。

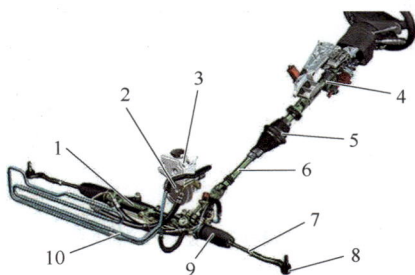

图 3-1-1　机械液压助力转向系统
1—动力缸　2—转向助力泵　3—储油罐
4—转向柱　5、9—护罩　6—转向传动轴
7—横拉杆　8—球头　10—回油管

　　机械液压助力转向系统的主要组成部分有液压泵、油管、压力流体控制阀、V 带、储油罐等。这种助力方

式是将一部分发动机动力输出转化成液压泵压力，对转向系统施加辅助作用力，从而使轮胎转向。

2. 电子液压助力转向系统

由于机械液压助力需要大幅消耗发动机动力，所以人们在机械液压助力的基础上进行改进，开发出了更节省能耗的电子液压助力转向系统，如图 3-1-2 所示。这套系统的转向油泵不再由发动机直接驱动，而由电动机来驱动，并且在之前的基础上加装了电控系统，使得转向辅助力的大小不光与转向角度有关，还与车速相关。机械结构上增加了液压反应装置和液流分配阀，新增的电控系统包括车速传感器、电磁阀和转向 ECU 等。

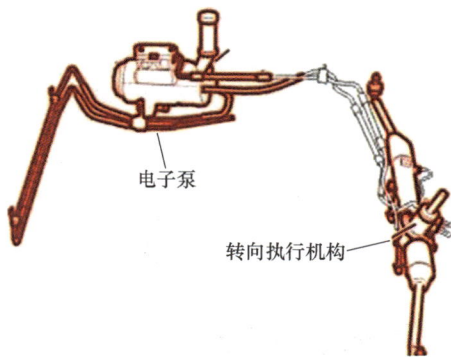

图 3-1-2　电子液压助力转向系统

3. 电动助力转向系统

电动助力转向系统是汽车转向系统的发展方向，如图 3-1-3 所示。该系统由电动助力机直接提供转向助力，省去了液压动力转向系统所必需的动力转向油泵、软管、液压油、传送带

和装于发动机上的带轮，既节省能量，又保护了环境。另外，还具有调整简单、装配灵活以及在多种状况下都能提供转向助力的特点。正是有了这些优点，电动助力转向系统正在逐步取代液压转向系统。

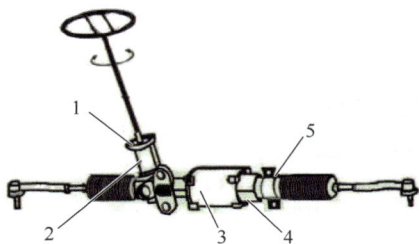

图 3-1-3　电动助力转向系统
1—输入轴　2—转矩传感器　3—电机
4—循环球螺杆　5—齿条

根据助力电机的安装位置不同，电动助力转向系统又可以分为转向轴助力式、齿轮助力式、齿条助力式三种。转向轴助力式电动助力转向系统的电动机固定在转向轴一侧，通过减速机构与转向轴相连，直接驱动转向轴助力转向。齿轮助力式电动助力转向系统的电动机和减速机构与小齿轮相连，直接驱动齿轮助力转向。齿条助力式电动助力转向系统的电动机和减速机构则直接驱动齿条提供助力。

3.1.2　吉利 EV450 纯电动汽车转向系统

吉利 EV450 纯电动汽车电动助力转向系统位置如图 3-1-4 所示。

电动助力转向系统由转向传感装

置、车速传感器、助力机械装置、转向助力电机及微处理器控制单元组成。主要零部件功能见表 3-1-1。

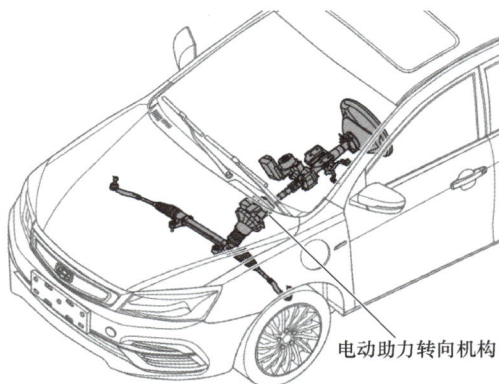

图 3-1-4 吉利 EV450 纯电动汽车电动助力
转向系统位置

驾驶人在操纵转向盘进行转向时，转矩传感器检测到转向盘的转向以及转矩的大小，将电压信号输送到电子控制单元，电子控制单元根据转矩传感器检测到的转矩电压信号、转动方向和车速信号等，向电动机控制器发出指令，使电动机输出相应大小和方向的转向助力转矩，从而产生辅助动力。汽车不转向时，电子控制单元不向电动机控制器发出指令，电动机不工作。

表 3-1-1 吉利 EV450 纯电动汽车转向系统主要零部件功能

零 部 件		功 能
电动转向管柱带中间轴总成	转矩转角传感器	根据扭杆的扭转变形量，输出转矩和转角信号
	电机	根据从电动助力转向系统控制器接收到的信号产生助力
	减速机构	通过使用涡轮和齿轮降低电机速度，并将其传输到转向管柱下轴
电动助力转向系统控制器		根据转矩、转角、车速以及其他相关输入信号，计算助力电流并输出至电机
警告灯		在检测到电动助力转向系统故障时亮起，以警告驾驶人
组合仪表		显示警告信息，在检测到电动助力转向系统故障时警告驾驶人

📈 **实践技能**

3.1.3 吉利 EV450 纯电动汽车电动助力转向器防尘套更换

1. 拆卸程序

1）拆卸前胎。

2）拆卸转向横拉杆和球头。

3）拆卸电动助力转向器防尘套。

a. 拆卸电动助力转向器防尘套外

侧固定卡箍，如图 3-1-5 所示。

图 3-1-5 转向器防尘套外侧固定卡箍

b. 拆卸电动助力转向器防尘套内侧固定卡箍，如图 3-1-6 所示。

c. 拆卸电动助力转向器防尘套。

2. 安装程序

1）安装转向横拉杆和球头。

a. 安装转向器防尘套。

b. 安装转向器防尘套内侧固定卡箍。

c. 安装转向器防尘套外侧固定卡箍。

图 3-1-6　转向器防尘套内侧固定卡箍

2）安装转向横拉杆和球头。

3）安装前轮。

4）调整前轮前束。

5）放下车辆。

3.1.4　吉利 EV450 纯电动汽车转向盘更换

1. 拆卸程序

1）断开蓄电池负极电缆。

注意：在蓄电池负极断开 90s 后再进行拆卸工作。

2）拆卸驾驶人安全气囊。

3）拆卸转向盘。

a. 拆卸转向盘固定螺母，如图 3-1-7 所示。

b. 拔出转向盘。

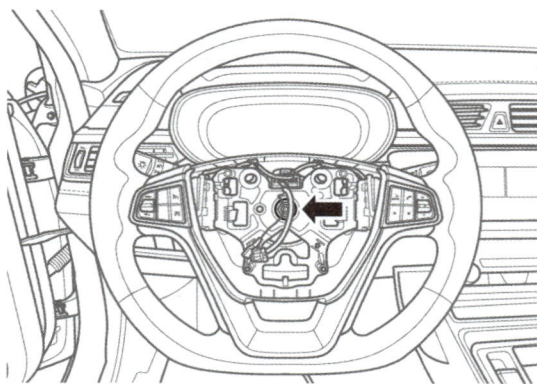

图 3-1-7　转向盘固定螺母

2. 安装程序

1）安装转向盘。

a. 使前轮处于正前方，安装转向盘。

b. 紧固转向盘固定螺母，力矩为 45N·m。

2）安装驾驶人侧安全气囊。

3）连接蓄电池负极电缆。

转向管柱不仅具有转向功能，而且还具有安全防护作用。为确保转向管柱的能量吸收作用，必须使用规定的螺钉、螺栓和螺母，并紧固至规定扭矩。能量吸收管柱在遇到前端碰撞时溃缩，从而减少驾驶人受伤的机会。

⚠ 学习小结

1. 在汽车的发展历程中，转向系统经历了四个发展阶段：从最初的机械式转向系统发展为液压助力转向系统，然后又出现了电控液压助力转向系统和电动助力转向系统。

2. 常见的助力转向有机械液压助力、电子液压助力和电动助力三种。电动助力转向系统（EPS）是一种直接依靠电机提供辅助转矩的动力转向系统，与传统的液压助力转向系统相比，电动助力转向系统具有很多优点。电动助力转向系统主要由转矩传感器、车速传感器、电动机、减速机构和电子控制单元（ECU）等组成。

3. 吉利 EV450 纯电动汽车转向系统由电动助力机直接提供转向助力，省去了液压动力转向系统所必需的动力转向油泵、软管、液压油、传送带和装于传统发动机上的带轮，既节省能量，又保护了环境。

4. 转向系统维护主要检查转向器防尘套是否损坏、漏油，如果损坏需要及时更换；还需要检查转向盘的自由转动量是否正常，如果不在规定范围内需要调整；并且检查转向时有无异响，当出现异响时需要及时处理。

学习单元 3.2　制动系统维护

🖥 情境导入

吉利新能源汽车 4S 店来了一辆使用两年的 EV450 纯电动汽车，根据维护手册的要求，需要更换制动液，你知道更换制动液的方法吗？在更换过程中需要注意哪些内容呢？

📋 理论知识

制动系统主要由供能装置、控制装置、传动装置和制动器四部分组成。制动系统的主要功用是使行驶中的汽车减速甚至停车，使下坡行驶的汽车速度保持稳定，使已停驶的汽车保持不动。

3.2.1　汽车制动系统的功用

1）保证汽车行驶中能按驾驶人的要求减速停车。

2）保证车辆可靠停放。

3）保障汽车和驾驶人的安全。

3.2.2　汽车制动系统的分类

制动系统按功用可分为行车制动系统、驻车制动系统、第二制动系统和辅助制动系统。

1）行车制动系统——是由驾驶人用脚来操纵的，故又称脚制动系统。它的功用是使正在行驶中的汽车减速或在最短的距离内停车。

2）驻车制动系统——是由驾驶人用手来操纵的，故又称手制动系统。它的功用是使已经停在各种路面上的汽车驻留原地不动。

3）第二制动系统——在行车制动系统失效的情况下，保证汽车仍能实现减速或停车的一套装置。在许多国家的制动法规中规定，第二制动系统也是汽车必须具备的。

4）辅助制动系统——经常在山区行驶的汽车以及某些特殊用途的汽车，为了提高行车的安全性和减轻行车制动系统性能的衰退及制动器的磨损，用以在下坡时稳定车速。

3.2.3　吉利 EV450 纯电动汽车制动系统

吉利 EV450 纯电动汽车制动系统由制动器、电动真空泵、制动总泵、真空助力器、电子驻车制动（EPB）、真空罐和制动管路等组成。该制动系统采用通风盘式前制动器、实心盘式后制动器的结构，配备了带有 EBD 的 ESC 制动控制系统和真空助力管理系统，制动助力能通过制动执行器实现制动控制。吉利 EV450 纯电动汽车制动系统如图 3-2-1 所示。

其制动系统的主要参数见表 3-2-1。

表 3-2-1　吉利 EV450 纯电动汽车制动系统的主要参数

前制动型	通风盘式	
后制动型	实心盘式	
制动控制系统	带有 EBD 的 ESC	
驻车制动类型	电子驻车制动	
总泵	类型	串联（柱塞式）
	直径 /mm（in）	23.81（0.94）
制动助力器	类型	贯穿式、双膜片真空助力器
	直径 /mm（in）	203.2+228.6（8+9）

（续）

前制动型	通风盘式	
前盘式制动器	卡钳形式	浮动式
	制动分泵直径 /mm（in）	60（2.36）
	转子尺寸（$D \times T$）/mm × mm（in × in）	321.2 × 85（12.65 × 3.35）
	衬垫材料	NAO
后盘式制动器	卡钳形式	浮动式、带 EPB 驻车机构
	制动分泵直径 /mm（in）	43（1.69）
	转子尺寸（$D \times T$）/mm × mm（in × in）	290 × 12（11.42 × 0.47）
	衬垫材料	NAO

注：D—外径，T—厚度。

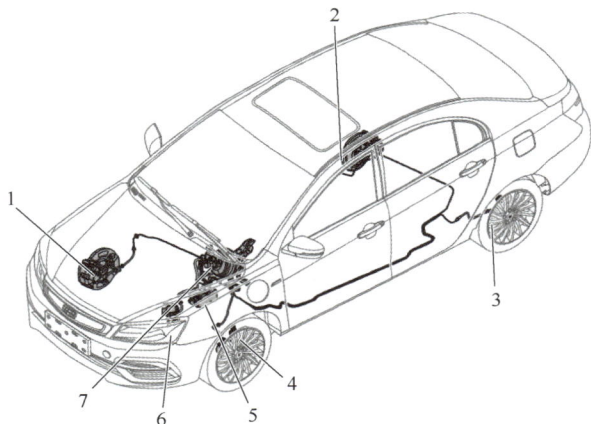

图 3-2-1 吉利 EV450 纯电动汽车制动系统

1—右前制动器总成 2—右后制动器总成 3—左后制动器总成 4—左前制动器总成
5—ESC 控制器总成 6—电动真空泵 7—真空助力器总成

实践技能

3.2.4 吉利 EV450 纯电动汽车制动系统维护

1. 制动衬块检查

1）定期检查制动衬块，如图 3-2-2 所示，进行测量，如果超过规格，则更换制动衬块。

2）如果需要更换，必须按盘式制动衬块更换。

3）检查盘式制动衬块的摩擦面是否开裂、破裂或损坏。

2. 制动钳的检查

1）检查制动钳壳体是否开裂、严重磨损和损坏，如果出现上述状况，则需要更换制动钳。

2）检查制动钳活塞防尘罩密封圈是否开裂、破裂、有缺口、老化和未在制动钳体内正确安装，如果出现任何上述状况，则更换制动钳。

图 3-2-2　检查制动衬块

3）检查制动钳活塞防尘罩密封圈周围和盘式制动衬块上是否有制动液泄漏，如果出现制动液泄漏迹象，则更换制动钳。

4）检查制动钳活塞是否能顺畅进入制动钳缸内且行程完整，制动钳缸内制动钳活塞的运动应顺畅且均匀，如果制动钳活塞卡滞或者难以到达底部，则需要更换制动钳。

3. 制动衬块导向片的检查

1）检查制动衬块导向片是否存在缺失、严重腐蚀、安装凸舌弯曲状况。

2）如果发现上述任何情况，则需要更换盘式制动衬块导向片。确保制动衬块在盘式制动衬块导向片上滑动顺畅，没有阻滞现象。

4. 制动盘厚度测量

1）用工业酒精或类似的制动器清洗剂清洗制动盘摩擦面。

2）用测微计测量并记录沿制动盘

圆周均匀分布的四个或四个以上位置点的最小厚度，必须确保仅在制动衬块衬面接触区域内进行测量，且每次测量时测微计与制动盘外边缘的距离必须相等，如图 3-2-3 所示。

3）如果制动盘厚度超过规格，则制动盘需要进行表面修整或更换。

注意：对制动盘进行表面修整或更换后，制动衬块也要进行更换。

图 3-2-3　制动盘厚度测量

5. 制动液的加注和更换

吉利 EV450 纯电动汽车用的制动液型号为 DOT4，不同型号的制动液不能混用。更换制动液的步骤如下：

1）打开车门，安装三件套。

2）打开机舱盖，安装翼子板布及前格栅布。

3）打开制动液储液罐加注口并取出滤网，如图 3-2-4 所示。

4）清洁吸液管路表面后将抽吸机软管插入制动液储液罐。

5）按下制动液抽吸机开关，将储液罐内的制动液抽出。

图 3-2-4　打开制动液储液罐加注口

6）补充新制动液（DOT4）至储液罐适宜高度，如图 3-2-5 所示。

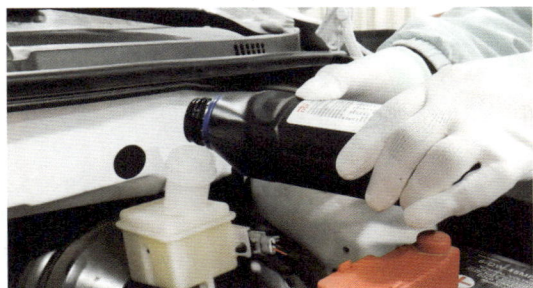

图 3-2-5　加注制动液

7）安装制动液加注罐。

8）举升车辆。

9）取下右后制动分泵放油口防尘罩。

10）将放油扳手套在制动分泵放油螺栓上。

11）将放油口连接器插入制动液抽吸机软管。

12）将吸液管路连接到制动分泵放油口上，如图 3-2-6 所示。

13）拧松放油口螺栓，如图 3-2-7 所示。

14）按下制动液抽吸机开关，将旧制动液吸出，如图 3-2-8 所示，此

时吸液管路呈黄色或混浊的颜色，当看到有接近透明的新制动液流出时即可。

图 3-2-6　连接到制动分泵放油口

图 3-2-7　拧松放油口螺栓

图 3-2-8　吸出旧制动液

15）拧紧放油口螺栓至规定扭矩。

16）将连接器与制动分泵放油口分离，取下放油扳手。

17）关闭制动液抽吸机开关。

18）安装右后制动分泵放油口防尘罩。

19）用同样的方法更换其余三个车轮制动管路中的制动液。

20）降下车辆；踩下制动踏板数次，应感觉制动踏板沉重；如果感觉不沉重则说明制动系统有空气，需要重复上述过程排气；举升车辆；检查各轮制动分泵放油口有无漏油，如果有漏油则视情况处理；降下车辆；取下制动液加注罐；安装储液罐滤网、储液罐加注口盖；取下翼子板布及前格栅布，关闭机舱盖；取下三件套。

注：如果没有制动液加注罐时，更换完右后轮制动液后需降下车辆进行补充制动液，然后按左后、右前、左前的顺序进行更换制动液，而且每更换一个车轮都要降下车辆补充制动液。

学习小结

1. 汽车制动系统的功用：保证汽车行驶中能按驾驶人的要求减速停车，保证车辆可靠停放，保障汽车和驾驶人的安全。制动系统主要由供能装置、控制装置、传动装置和制动器四部分组成。

2. 吉利EV450纯电动汽车制动系统由制动器、电动真空泵、制动总泵、真空助力器、电子驻车制动（EPB）、真空罐和制动管路等组成。该制动系统采用通风盘式前制动器。

3. 制动系统维护主要检查制动液液位与含水率，当液位不足时需要及时添加至标准，当含水率过高时需要更换；还要定期检查摩擦片厚度与分泵销情况，当摩擦片厚度低于标准时需更换。

学习单元 3.3　空调系统维护

情境导入

吉利新能源汽车4S店收到了一辆EV450纯电动汽车，此车已使用两年、行驶4万km，车主使用空调时发现有异味，到店咨询，需要更换空调滤芯，你知道如何更换空调滤芯吗？在作业过程中有哪些注意事项呢？

理论知识

汽车空调系统是实现对车厢内空气进行制冷、加热、换气和空气净化的装置。它可以为乘车人员提供舒适的乘车环境，降低驾驶人的疲劳强度，提高行车安全。现代汽车空调有四种功能，其中任何一种功能都是为了使乘客感到舒适。空调器能控制车厢内的气温，既能加热空气，也能冷却空气，以便把车厢内温度控制到舒适的水平；空调器能够排出空气中的湿气。干燥空气吸收人体汗液，以营造更舒适的环境；空调器可吸入新风，具有通风功能；空调器可过滤空气，排除空气中的灰尘和花粉。

3.3.1　传统汽车的空调系统

1. 传统汽车空调制冷系统

（1）组成　汽车空调装置的制冷系统都是采用蒸气压缩式制冷原理，它主要由压缩机、冷凝器、膨胀阀和蒸发器四个主要部件组成，并用管路连接成一个封闭的循环系统。为了改善制冷系统的工作条件，保证制冷系统正常可靠地工作，在制冷系统中还设置一些辅助的部件，如排气缓冲器、储液干燥器、干燥滤清器、易熔塞、制冷剂观察视镜、蒸发压力调节阀、液体分离器、高低压力继电器、防霜继电器等。

（2）各组件作用及原理

1）压缩机的作用及工作原理。

作用：压缩机是汽车空调制冷系统的"心脏"，其作用是维持制冷剂在制冷系统中的循环，吸入来自蒸发器的低温、低压制冷剂蒸气，压缩制冷剂蒸气使其压力和温度升高，并将气态制冷剂送往冷凝器。

工作原理如下：

① 定排量压缩机（图 3-3-1）。

定排量压缩机的排气量随着发动机转速的提高而成比例提高，它不能根据制冷的需求而自动改变功率输出，而且对发动机油耗的影响比较大。它的控制一般通过采集蒸发器出风口的温度，当达到设定的温度时，压缩机电磁离合器松开，压缩机停止工作；当温度升高后，电磁离合器结合，压缩机开始工作。定排量压缩机也受空调系统压力的控制，当管路内压力过高时，压缩机停止工作。

图 3-3-1　定排量压缩机

② 变排量压缩机（图 3-3-2）。

变排量压缩机可以根据设定的温

度自动调节功率输出。空调控制系统不采集蒸发器出风口的温度信号，而是根据空调管路内压力的变化信号控制压缩机的压缩比来自动调节出风口温度。在制冷的全过程中，压缩机始终是工作的，制冷强度的调节完全依赖装在压缩机内部的压力调节阀来控制。当空调管路内高压端的压力过高时，压力调节阀缩短压缩机内活塞行程，以减小压缩比，这样就会降低制冷强度；当高压端压力下降到一定程度，低压端压力上升到一定程度时，调节阀则增大活塞行程，以提高制冷强度。

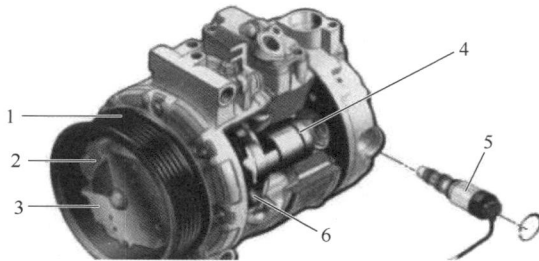

图 3-3-2　变排量压缩机

1—集成过载保护的带轮　2—橡胶成形元件　3—压盘　4—往复运动的活塞　5—调节阀 N280　6—斜盘

2）冷凝器（图 3-3-3）的作用及工作原理。

图 3-3-3　冷凝器

作用：冷凝器最重要的作用就是完成制冷系统的热量交换。冷凝器是汽车空调中的散热装置，将压缩机压缩过程中制冷剂产生的热量散发到车外，使压缩机出来的高温高压气体变为中温高压液体。

工作原理：制冷剂被压缩机压缩到冷凝器，冷凝器的末端有毛细管，毛细管会产生阻力，使从压缩机压缩过来的气态制冷剂液化而达到放热的效果。

3）储液干燥器（图 3-3-4）的作用及工作原理。

作用：储液干燥器用于膨胀阀式制冷循环，其具体作用主要是：储存制冷剂，接收从冷凝器来的液体并加以储存，根据蒸发器的需要提供所需制冷剂量；过滤杂质，将系统中经常出现的杂质、脏物，如锈迹、污垢、金属粒等过滤掉，这些杂质、脏物会损伤压缩机气缸壁和轴承，还会堵塞过滤网和膨胀阀；吸收湿气，汽车空调制冷系统中湿气要求越少越好，因为湿气会造成"冰塞"并腐蚀系统管道等，使之不能正常工作。

图 3-3-4　储液干燥器

工作原理：储液干燥器由干燥器盖、干燥器体、引出管、过滤部分、干燥部分组成。干燥器盖上设有进液孔和出液孔，并装有视液玻璃和易熔塞。易熔塞的中部开有小孔，孔中灌有低熔点金属。当高压侧压力达到2.9MPa、温度达到95℃时，低熔点金属熔化，并把制冷剂排放到大气中，防止整个系统被损坏。视液玻璃用来观察制冷系统内制冷剂的流动状况。

4）膨胀阀（图 3-3-5）的作用。

作用：节流作用，高温高压的液态制冷剂经过膨胀阀的节流孔节流后，成为低温低压的雾状制冷剂，为制冷剂的蒸发创造条件；控制制冷剂的流量，进入蒸发器的液态制冷剂经过蒸发器后，制冷剂由液态蒸发为气态，

吸收热量，降低车内的温度。膨胀阀控制制冷剂的流量，保证蒸发器的出口完全为气态制冷剂，若流量过大，出口含有液态制冷剂，可能进入压缩机产生液击；若流量过小，提前蒸发完毕，造成制冷不足。

图 3-3-5　膨胀阀

5）蒸发器（图 3-3-6）的作用及工作原理。

作用：将从膨胀阀出来的低压制冷剂蒸发而吸收车内空气的热量，从而达到车内降温的目的。蒸发器有管片式、管带式和层叠式。目前我国轿车上主要采用全铝层叠式和管带式蒸发器，大型车上主要采用铜管铝片式蒸发器，中型客车几种形式都有，以管带式为主。

工作原理：从膨胀阀或节流孔管流出、直接进入蒸发器的制冷剂由于体积突然膨胀而变成低温低压雾状微粒液体。这种状态的制冷剂很容易汽化，汽化时将吸收周围大量的热量，空调风机强制使进入车内的空气从蒸发器表面流过，通过管片将热量传给蒸发器内的制冷剂，通过吸收热量使

液态的制冷剂汽化。

图 3-3-6　蒸发器

（3）制冷原理

1）压缩过程。压缩机将蒸发器低压侧（温度约为 0℃、气压约为 0.15MPa）的低温、低压气态制冷剂压缩成高温（约 70~80℃）、高压（约 1.5MPa）的气态制冷剂，送往冷凝器冷却降温。

2）冷凝过程。送往冷凝器的过热气态制冷剂，在温度高于外部温度很多时，向外散热进行热交换，制冷剂被冷凝成中温，压力约为 1.0~1.2MPa 的液态制冷剂。

3）膨胀过程。冷凝后的液态制冷剂经过膨胀阀使制冷剂流过空间体积增大，其压力和温度急剧下降，变成低温（约为 -5℃）、低压（约为 0.15MPa）的湿蒸气，以便进入蒸发器中迅速吸热蒸发。在膨胀过程同时进行流量控制，以便供给蒸发器所需的制冷剂，从而达到控制温度的目的。

4）蒸发过程。液态制冷剂通过膨胀阀变为低温、低压的湿蒸气，流经蒸发器不断吸热汽化转变成低温（约为 0℃）、低压（约为 0.15MPa）的气态制冷剂，吸收驾驶室内空气的热量。从蒸发器流出的气态制冷剂又被吸入压缩机，增压后泵入冷凝器冷凝，进行制冷循环。

制冷循环就是利用有限的制冷剂在封闭的制冷系统中，周而复始地将制冷剂压缩、冷凝、膨胀、蒸发，在蒸发器中吸热汽化，对驾驶室内空气进行制冷降温。

（4）工作过程（图 3-3-7）　由发动机驱动的压缩机将气态的制冷剂从蒸发器中抽出，并将其压入冷凝器。高压气态制冷剂经冷凝器时液化而进行热交换（释放热量），热量被车外的空气带走。高压液态制冷剂经膨胀阀的节流作用而降压，低压液态制冷剂在蒸发器中汽化而进行热交换（吸收热量），蒸发器附近被冷却了的空气通过鼓风机吹入车厢。气态制冷剂又被压缩机抽走，泵入冷凝器，如此使制冷剂进行封闭的循环流动，不断将车厢内的热量排到车外，使车厢内的气温降至适宜的温度。

2. 传统汽车空调暖风系统

（1）组成　热水取暖系统主要由加热器芯、水阀、鼓风机和控制面板等组成。

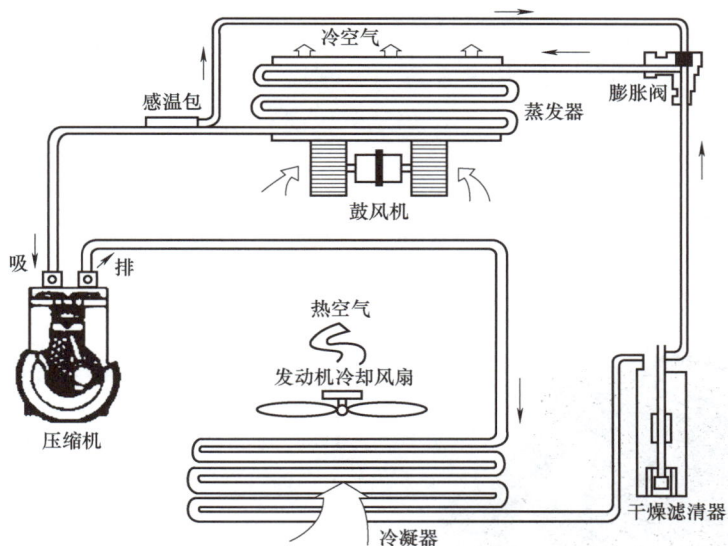

图 3-3-7 汽车空调制冷系统工作过程

（2）各组件作用

1）加热器芯。加热器芯的结构如图 3-3-8 所示，其由水管和散热器片组成，发动机的冷却液进入加热器芯的水管，通过散热器片散热后，再返回发动机的冷却系统。

图 3-3-8 加热器芯的结构

2）水阀。水阀用来控制进入加热器芯的水量，进而调节暖风系统的加热量，调节时可通过控制面板上的调节杆或旋钮进行控制，其结构如图 3-3-9 所示。

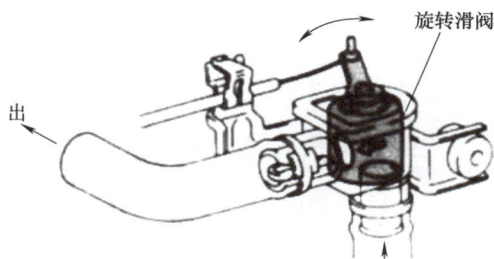

图 3-3-9 水阀结构示意图

3）鼓风机。鼓风机由可调节速度的直流电动机和鼠笼式风扇组成，其作用是将空气吹过加热器芯加热后送入车内。调节电动机的速度，可以调节向车厢内的送风量。鼓风机的结构如图 3-3-10 所示。

4）系统工作原理。暖风系统和空调系统是两个不同的工作原理，暖风是采用发动机冷却系统的冷却液的温度，通过鼓风机把暖风小水箱的热量传递到室内，也是由于热传递的原理使驾驶室内变暖，开暖风时，不需要开空调，也就是说，要关闭空调压缩机，因此，开暖风是不会影响发动机动力与汽油消耗的。

图 3-3-10 鼓风机的结构

3.3.2 吉利 EV450 纯电动汽车空调系统

1. 与传统汽车空调的区别

吉利 EV450 纯电动汽车与传统汽车空调的主要不同点在压缩机，传统汽车压缩机由发动机通过传动带驱动，制冷性能由 ECU 调整压缩机斜盘角来完成。纯电动汽车压缩机由电机驱动，制冷性能由 HCU（混合动力控制模块）控制电机转速（即压缩机转速）来完成。

传统压缩机只使用 12V 电压控制，电动空调压缩机既要使用 12V 电压控制，也要使用高压带动电机运转。

在暖风操作模式下，传统汽车是使用鼓风机把发动机冷却液加热后的热空气输送到室内，由冷却水泵提供冷却液循环到达暖风水箱。而新能源汽车空调系统中 PTC 空气加热器也是与传统汽车很大的一个区别，在加热方面与循环动力方面不同，传统汽车用余热，水泵为动力，电动汽车用 PTC 加热，电子水泵为动力，如图 3-3-11 所示。

电动压缩机为非传动带结构，安装位置不受传动带连接限制，可以安装在车辆的任何位置。电动压缩机的主

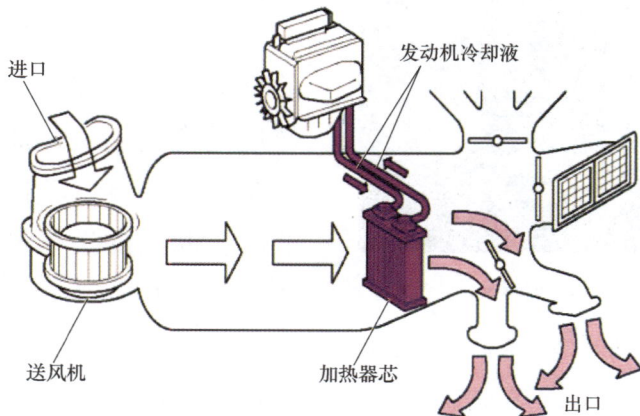

图 3-3-11 汽车空调暖风系统工作过程

要控制部件有微处理器和逆变器。微处理器从空调控制器接收压缩机目标转速命令，为电机提供所需动力；另外，反馈电机实际转速信息，将电流提供给空调控制器，进行闭合控制。

2. 吉利 EV450 纯电动汽车空调制冷系统

吉利 EV450 纯电动汽车压缩机类型为电动涡旋式，压缩机控制器与压缩机集成一体，通过电机自身的旋转带动涡旋盘压缩，完成制冷剂的吸入和排出，为制冷循环提供动力。压缩机性能曲线（测试工况：高压 1.57MPa，低压 0.296MPa，过热度 10℃，过冷度 5℃）如图 3-3-12 所示。

本车空调制冷系统主要由电动压缩机、冷凝器、储液干燥器、蒸发器及膨胀阀等组成，如图 3-3-13 所示。

压缩机受高压电驱动，当压缩机

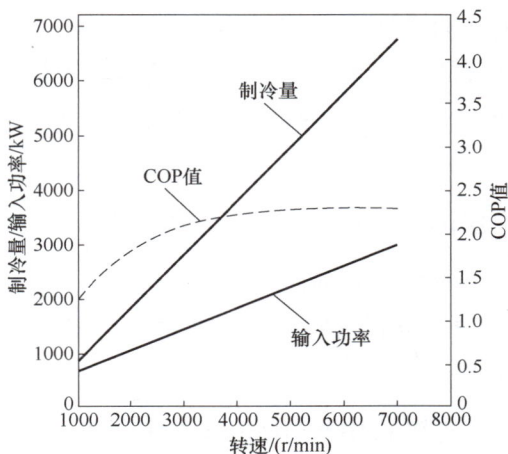

图 3-3-12 压缩机性能曲线

工作时，压缩机吸入从蒸发器出来的低温低压的气态制冷剂，经压缩，制冷剂的温度和压力升高，并被送入冷凝器。在冷凝器内，高温高压的气态制冷剂把热量传递给经过冷凝器的车外空气而液化，变成液体。液态制冷剂流经膨胀阀时，温度和压力降低，并进入蒸发器。在蒸发器内，低温低

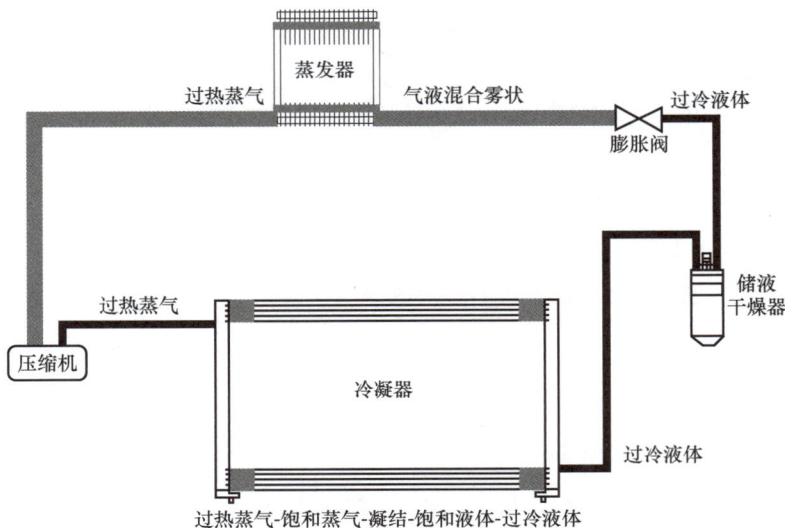

图 3-3-13 吉利 EV450 纯电动汽车制冷系统工作过程

压的液态制冷剂吸收经过蒸发器的车内空气的热量而蒸发，变成气体。气体又被压缩机吸入进行下一轮循环。这样，通过制冷剂在系统内的循环，不断吸收车内空气的热量并排到车外空气中，使车内空气的温度逐渐下降。

3. 吉利 EV450 纯电动汽车空调暖风系统

加热器由电阻膜和散热元件组成，在一定电压范围内，加热的功率随电流变化而变化，电加热器可输出稳定的功率，从而为暖风系统提供稳定的热源，如图 3-3-14 所示。

图 3-3-14　加热器（PTC）总成

吉利 EV450 纯电动汽车空调暖风系统主要由鼓风机、电加热器（PTC）、加热器水泵和加热器芯体等组成，如图 3-3-15 所示。

当自动空调系统处于加热模式时，

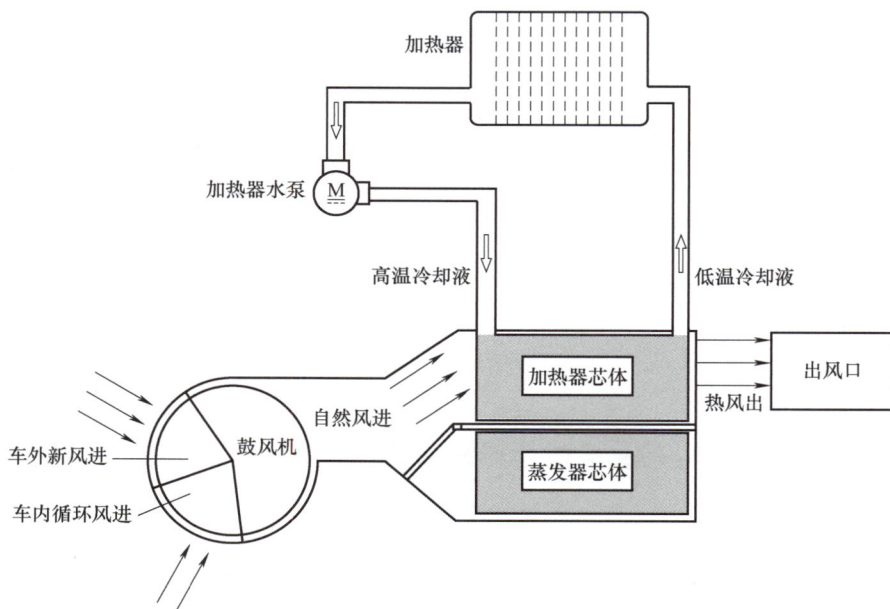

图 3-3-15　吉利 EV450 纯电动汽车空调暖风系统工作过程

加热器在高压电的作用下对冷却液进行加热，高温冷却液被加热器水泵抽入加热器芯。同时，冷暖温度控制电机旋转至供暖位置，气流在鼓风机的作用下流过加热器芯，产生热量传递。

外部空气在进入驾驶室前，与加热后的空气混合，吹出舒适的暖风。

4. 吉利 EV450 纯电动汽车通风控制系统

通风控制系统上的各种位置可使

模式阀门通过风道混合或引入冷风、热风和外部空气通过空调系统，气流由风道系统和出风口将空气输送到驾驶室，如图 3-3-16 所示。

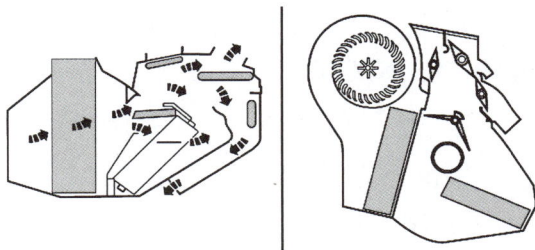

图 3-3-16　吉利 EV450 纯电动汽车通风控制系统示意图

5. 吉利 EV450 纯电动汽车空调系统元件布置

吉利 EV450 纯电动汽车空调系统元件布置图如图 3-3-17 所示。

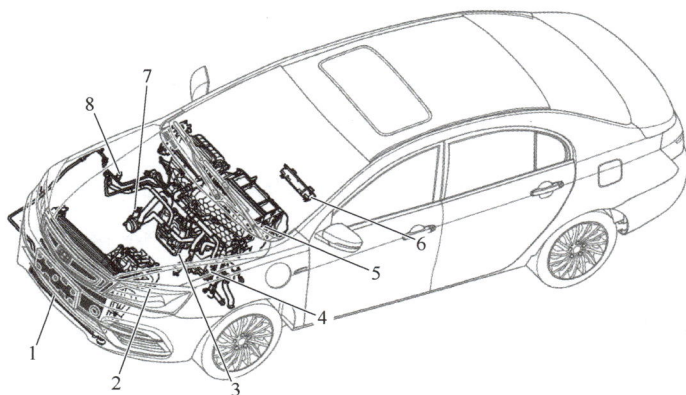

图 3-3-17　吉利 EV450 纯电动汽车空调系统元件布置图

1—冷凝器　2—空调压缩机　3—PTC 加热器　4—热交换器总成　5—空调器总成
6—空调控制面板　7—PTC 电动水泵　8—空调压力开关

📈 实践技能

3.3.3　吉利 EV450 纯电动汽车空调制冷系统检查

1. 日常维护

日常维护主要是通过看、听、摸、测等方法进行检查。

1）检查和清洗汽车空调的冷凝器，要求散热片内清洁，片间无堵塞物。

2）检查制冷系统制冷剂的量。在电动汽车空调机组正常工作时，用眼观察储液干燥器顶部的视液镜，若视液镜内没有气泡，仅在增加或降低负载时出现少量的气泡，这说明制冷剂适量；若不论怎样调节发动机转速，始终看到有混浊状的气泡流动，则说明管路内制冷剂不足，应予补充；若不论负载大小，始终看不到气泡，则说明制冷剂过量。

3）用耳听和鼻闻检查汽车空调有无异常响声和异常气味。

4）用手摸压缩机附近高、低压管

有无温差，正常情况下低压管路呈低温状态，高压管路呈高温状态。

5）用手摸冷凝器进口和出口处，正常情况下是前者较后者热。

6）用手摸膨胀阀前后应有明显温差，正常情况是前热后凉。

7）检查制冷系统软管外观是否正常，各接头处连接是否牢靠，接头处有无油污，有油污表明有微漏，应进行紧固。

8）检查制冷系统电路连接是否牢靠，有无断路或脱接现象。

9）电动汽车空调系统运行状态是否可靠，也可通过压力计组的指示压力来进行判断。

2. 定期维护

1）压缩机：在压缩机运转情况下，检查其是否有异常响声，如有，说明压缩机的轴承、阀片、活塞环或其他部件有可能损伤或机油过少；检查压缩机的高低压端有无温差；运转中如压缩机有振动，应检查机油液面的高度。

2）冷凝器、蒸发器：检查两者的清洁状况、通道是否畅通，以保证其能通过最大的通气量。

3）膨胀阀：检查其有无堵塞，感温包与蒸发器出口管路是否贴紧；膨胀阀能否根据温度的变化自动调节制冷剂的供给量。

4）高、低压管：检查软管有无裂纹、鼓包、老化或破损现象，硬管是否有裂纹或渗漏现象，是否会碰到硬物或运动件，管道螺栓是否紧固。

5）储液干燥器：检查易熔塞是否熔化，各接头处是否有油迹；正常工作时其表面应无露珠或挂霜现象；每年四、五月份维护期中视需要更换干燥剂或干燥滤清器总成。

6）高、低压开关：检查高、低压开关，高压开关在压力 2.2MPa 时，应能自动接通声光报警电路并使电磁离合器断电，当压力小于 2MPa 时应能自动复位；低压开关在压力小于 0.2MPa 时，应能自动接通声光报警电路并使电磁离合器断电，当压力大于 0.2MPa 时应能自动复位。

7）冷凝器和蒸发器风机：检查冷凝器和蒸发器风机工作时有无异常响声，叶片有无破损，螺栓连接是否牢固，电动汽车电动机轴承有无缺油现象。

3.3.4　吉利 EV450 纯电动汽车空调暖风系统检查

1. 暖风效果检查

1）打开车门并安装三件套。

2）将点火开关置于"ON"位置，如图 3-3-18 所示。

3）按下空调开关，如图 3-3-19 所示。

4）将冷暖风调节旋钮旋至暖风

位置。

5）将出风口调至最大位置。

6）检查各出风口有无暖风，如图 3-3-20 所示。

图 3-3-18　打开点火开关

图 3-3-19　打开空调开关

图 3-3-20　检查有无暖风

7）暖风功能打开后工作几分钟，检查吹出的风有无焦煳等异味，若有，则建议客户进行维修。

8）关闭空调。

9）关闭点火开关并拔下钥匙。

10）取下三件套并关闭车门。

2. PTC 电动水泵总成更换

1）打开前机舱盖。

2）断开蓄电池负极电缆。

3）拆卸 PTC 电动水泵。

a. 断开 PTC 电动水泵线束连接插头，如图 3-3-21 所示。

b. 拆卸 PTC 电动水泵暖风出水管环箍，脱开 PTC 电动水泵暖风出水管，如图 3-3-21 所示。

c. 拆卸 PTC 电动水泵进水管环箍，脱开 PTC 电动水泵进水管，如图 3-3-21所示。

注意：水管脱开前请在车辆底部放置容器，接住冷却液，以免污染地面。

d. 拆卸 PTC 电动水泵支架两个固定螺母，如图 3-3-21 所示，取下 PTC 电动水泵总成。

图 3-3-21　电动水泵总成
1—线束连接插头　2—暖风出水管
3—水泵进水管　4—固定螺母

4）安装流程与拆卸流程完全相反。

3.3.5 吉利 EV450 纯电动汽车空调滤芯的更换

1. 更换空调滤芯的重要性

空调滤芯没有好好保养，会让滤光板、散热器、蒸发器、翅片表面集聚大量污垢，造成气流堵塞；而且空调也会出现制冷、加热效果下降，增加耗电、增大噪声的现象，空调的使用寿命也会缩短。

更为严重的是：车内的异味还会危害到驾驶人和乘客的身体健康。如果长期处在这种环境中，人会感到头晕、恶心，甚至诱发呼吸道疾病。

2. 拆卸及安装流程

1）打开右侧车门。

2）拆卸杂物箱。

3）拆卸空调滤芯。

a. 拆卸空调滤芯安装壳螺栓，如图 3-3-22 所示。

b. 捏住图 3-3-23 所示位置，抽出空调滤芯。

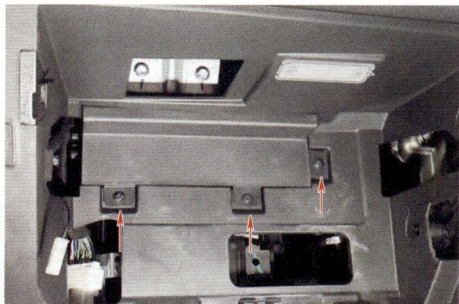

图 3-3-22　空调滤芯安装壳螺栓

图 3-3-23　抽出空调滤芯位置

4）检查空气滤芯的脏污情况，如果还能继续使用则进行吹尘处理，如果不能继续使用则更换。

5）安装流程与拆卸流程完全相反。

⚠ 学习小结

1. 汽车空调装置的制冷系统都是采用蒸气压缩式制冷原理，它主要由压缩机、冷凝器、膨胀阀和蒸发器四个主要部件组成，并用管路连接成一个封闭的循环系统。

2. 冷凝器最重要的作用就是完成制冷系统的热量交换。冷凝器是汽车空调中的散热装置，将压缩机压缩过程中制冷剂产生的热量散发到车外，使压缩机出来的高温高压气体变为中温高压液体。

3. 空调系统日常维护主要是通过看、听、摸、测等方法进行检查。

4. 更换空调滤芯：拆卸杂物箱→拆卸空调滤芯外各饰板→取出空调滤芯→检查空气滤芯的脏污情况，如果还能继续使用则进行吹尘处理，不能继续使用则更换→逆序安装空调滤芯。

参考文献

［1］王芳，夏军. 电动汽车动力蓄电池系统设计与制造技术［M］. 北京：科学出版社，2017.

［2］刘双源. 新能源汽车技术现状与发展前景分析［J］. 山东工业技术，2017（6）：76-77.

［3］姜久春. 电动汽车充电技术及系统［M］. 北京：北京交通大学出版社，2017.

［4］何泽刚. 新能源汽车认知与使用安全［M］. 北京：机械工业出版社，2018.

［5］崔胜民. 新能源汽车技术解析［M］. 北京：化学工业出版社，2016.

［6］杨小刚. 新能源汽车维护［M］. 北京：北京理工大学出版社，2020.

［7］王震坡，孙逢春，刘鹏. 电动汽车原理与应用技术［M］. 2版. 北京：机械工业出版社，2016.

［8］左小勇，袁斌斌. 动力蓄电池管理及维护技术［M］. 天津：天津出版传媒集团，2016.

［9］麻友良，严运兵. 电动汽车概论［M］. 北京：机械工业出版社，2012.

［10］崔胜民. 新能源汽车技术［M］. 2版. 北京：北京大学出版社，2014.

新能源汽车维护

任务工单

机械工业出版社

☒ 目 录 ☒

任务名称	新能源汽车维护认知	学　时	4	班　级	
学生姓名		学生学号		任务成绩	
实训设备、工具及仪器	吉利 EV450 纯电动汽车 4 辆、新能源汽车检测设备 4 套、新能源汽车维修设备 4 套	实训场地	理实一体化教室	日　期	
任务描述	一辆吉利 EV450 纯电动汽车驶入店内需要进行维护作业和维护里程清零。				
任务目的	能明确动力蓄电池及充电系统的安装位置及维护内容，能明确新能源汽车底盘的维护内容及特点，能规范清除维护里程。				

一、资讯

1. 现代汽车维护主要包含了对_____、_____、空调系统、冷却系统、燃油供给系统、动力转向系统等的保养。

2. 汽车维护是指保持和恢复汽车的_____，保证汽车具有良好的_____和可靠性。

3. 汽车维护作业的内容主要包括_____、_____、紧固、润滑、调整和补给等几个方面，且维护范围随着_____或时间的增加而逐步扩大。

4. 清洁作业内容主要包括对_____、_____和空气滤清器滤芯进行清洁，对汽车的外表进行清洁养护以及对有关总成、零部件内外部而进行的清洁作业。

5. 检查作业内容主要检查_____和_____是否齐全，_____是否紧固；是否存在漏水、漏油、漏气和漏电等现象。

6. 检查作业应对影响汽车安全行驶的_____、_____和_____等工作情况加强检查，对汽车各总成进行拆检、装配、调整时应检查各主要部件的_____。

7. 补给作业是指在汽车维护中，对汽车的_____、_____及其他特殊工作液进行加注补充；对蓄电池进行_____，对轮胎进行_____等。

8. 润滑作业是为了减小各构件摩擦副的_____，减轻_____的磨损所进行的作业。

9. 调整作业是保证汽车_____和机件能长期正常工作的重要环节，调整工作的好坏，对减少_____、保持汽车使用的经济性和可靠性有直接的重要关系。

二、计划与决策

请根据故障现象和任务要求，确定所需要的检测仪器、工具，并对小组成员进行合理分工，制订详细的工作计划。

1. 需要的检测仪器、工具

2. 小组成员分工

3. 工作计划

三、实施

1. 打开车门，安装_____。
2. 打开_____，仪表显示_____。
3. 连接解码仪进行保养里程清零，具体流程：_____→_____→_____→_____→_____。
4. 显示"打开_____至 ON 档，发动机_____"后，单击"_____"。
5. 显示"里程完成且成功，_____"，单击"_____"。

四、检查

作业完成后，由小组长进行如下检查：

1. 清洁作业情况：_____。
2. 检查作业情况：_____。
3. 补给作业情况：_____。
4. 润滑作业情况：_____。
5. 紧固作业情况：_____。
6. 调整作业情况：_____。

五、评估

1. 请根据自己任务完成的情况，对自己的工作进行自我评估，并提出改进意见。

1)_____

_____

2)_____

_____

3）_____

_____

2. 工单成绩（总分为自我评价、组长评价和教师评价得分值的平均值）

自 我 评 价	组 长 评 价	教 师 评 价	总　分

任务名称	车间安全与 8S 管理	学　时	4	班　级	
学生姓名		学生学号		任务成绩	
实训设备、工具及仪器	吉利 EV450 纯电动汽车 4 辆、新能源汽车检测设备 4 套、新能源汽车维修设备 4 套	实训场地	理实一体化教室	日　期	
任务描述	现有一辆新能源汽车需要进行充电作业，如何按照标准的充电流程进行操作。				
任务目的	能正确认识新能源汽车高压部件，保障人身、设备和设施安全；能明确车间 8S 管理的要点知识；能正确进行充电作业；能时刻保持良好的职业素养。				

一、资讯

1.企业管理是对企业生产经营活动进行＿＿＿＿＿、＿＿＿＿＿、＿＿＿＿＿、＿＿＿＿＿和＿＿＿＿＿等一系列活动的总称，是社会化大生产的客观要求。

2.吉利 EV450 纯电动汽车上的用电设备分为高压用电部件与低压用电部件，高压部件主要有＿＿＿＿＿、＿＿＿＿＿、＿＿＿＿＿、高压电池组、高压配电箱、高压变换器（DC/DC）、空调压缩机、空调暖风机（PTC）等。

3.铅酸蓄电池具有腐蚀性的碳酸钠和硫酸等物质，对于眼睛、皮肤、嗅觉以及喉咙具有刺激性或＿＿＿＿＿，会对人体造成＿＿＿＿＿，损坏普通的保护衣物。

4.充电时所释放出的气体具有＿＿＿＿＿，切勿在充电的蓄电池或者最近刚充完电的蓄电池附近进行＿＿＿＿＿。

5.8S 就是＿＿＿＿＿、＿＿＿＿＿、＿＿＿＿＿、＿＿＿＿＿、＿＿＿＿＿、＿＿＿＿＿、＿＿＿＿＿、＿＿＿＿＿八个项目，因其罗马发音均以"S"开头，简称为 8S。

6.首先要使用＿＿＿＿＿的车辆和充电桩，不要使用第三方或没有国家许可生产和检验合格标识的充电桩，合格的接线方式（特别是＿＿＿＿＿）在安全方面也尤为重要。

7.避免将充电线缆在阳光下暴晒并大功率充电，暴晒并持续发热会引起＿＿＿＿＿并＿＿＿＿＿。

二、计划与决策

请根据故障现象和任务要求，确定所需要的检测仪器、工具，并对小组成员进行合理分工，制订详细的工作计划。

1. 需要的检测仪器、工具

2. 小组成员分工

3. 工作计划

三、实施

1. 选择 220V/16A，有可靠接地的_____。

2. 在车辆_____下，用手掌轻按充电小门左侧，小门轻微弹出，拉开小门。

3. 松开塑料卡扣，并打开_____。

4. 从行李舱的随车工具箱中取出_____。

5. 打开充电手柄上的_____，并按住充电手柄上的按钮，直至充电手柄插到车身的充电插座底部后，释放该按钮。

6. 将 3 脚充电插头接入常用_____。

7. 在 3 脚充电线连接完成后，充电连接_____会点亮。

8. 充电时，充电线控制盒上的电源指示灯会常亮，充电指示灯保持常亮。充电口有指示灯，充电时会呈_____的闪烁效果。

9. 充电结束后，充电线控制盒上的电源指示灯会熄灭，充电指示灯熄灭。_____，先断开充电线与充电电源之间的连接，再将充电线从车上断开，整理并_____。

10. 将车身_____和_____依次合上盖好。

四、检查

作业完成后，由小组长进行如下检查：

1. 检查处理维护、维修作业中的旧件、废弃物情况：_____。

2. 检查充电作业情况：_____。

3. 是否能时刻保持良好的职业素养：_____。

五、评估

1. 请根据自己任务完成的情况，对自己的工作进行自我评估，并提出改进意见。

1) _____

_____

2) _____

_____

3) _____

_____

2. 工单成绩（总分为自我评价、组长评价和教师评价得分值的平均值）

自 我 评 价	组 长 评 价	教 师 评 价	总　　分

任务名称	新能源汽车高压作业前场地准备	学　　时	4	班　　级	
学生姓名		学生学号		任务成绩	
实训设备、工具及仪器	吉利 EV450 纯电动汽车 4 辆、新能源汽车检测设备 4 套、新能源汽车维修设备 4 套	实训场地	理实一体化教室	日　　期	
任务描述	现有一辆吉利 EV450 纯电动汽车进店进行维护，你知道如何进行高压作业前场地准备工作吗？				
任务目的	能明确新能源汽车维护时场地要求；能明确操作人员要求及正确使用检测工具，且能规范对新能源汽车进行下电操作。				

一、资讯

1. 新能源汽车维修工位比普通汽车维修工位的要求要高，包括_____、照明、_____、通风、防火等都具有严格的要求。

2. 作业前，操作人员必须经过_____培训，并持有国家安全局颁发的_____。

3. 作业前，操作人员不得佩戴_____（如手表、戒指等），工作服口袋内不得有_____（如钥匙、金属壳笔、手机、硬币等）。

4. 绝缘工具通常包括防静电工作台、_____、放电工装、灭火器、_____、绝缘手套、劳保手套、安全帽、_____、绝缘鞋、_____、绝缘工具等。

5. 绝缘电阻测试仪是一种由_____供电的绝缘测试仪，它可以测试交流 / 直流电压、搭铁耦合电阻和绝缘电阻。

6. 交直流数字钳形表的工作部分主要由一只电流表和穿心式电流互感器组成，穿心式电流互感器的铁心制成活动开口，且呈钳形，故又名_____，它是一种不需断开电路就可直接测电路交流电流的携带式仪表。

7. 交直流数字钳形表在测量电流时，可以按以下步骤进行：

1）估算电流大小，选择正确档位与电流类型，如果需要测量三相电机的一相电流，选择_____电流档。

2）打开电流钳，将被测量电路放入电流钳口之中，注意：测量时应该保持钳口_____，否则将测量出不正确的电流。

3）接通被测量装置，读取电流值。

二、计划与决策

请根据故障现象和任务要求，确定所需要的检测仪器、工具，并对小组成员进行合理分工，制订详细的工作计划。

1. 需要的检测仪器、工具

2. 小组成员分工

3. 工作计划

三、实施

1. 场地准备

1）设置_____、安全警示牌。

2）检查灭火器压力值和_____。

3）正确安装车辆挡块。

2. 检查防护套装

1）检查绝缘手套密封性。

2）检查绝缘手套的耐压等级、_____和_____。

3）检查防电池电解液酸碱性手套、护目镜、_____外观是否损伤。

4）穿_____鞋（进入工位前提前穿好）。

5）是否佩戴_____或_____等物品。

3. 检查工具套装

1）进行数字绝缘电阻测试仪开路检测并确认电阻阻值_____（0、∞）。

2）进行数字绝缘电阻测试仪短路检测并确认电阻_____（大于、小于）1Ω。

3）确认数字绝缘电阻测试仪上"_____"功能正常。

4）选择_____点检测绝缘垫绝缘性且佩戴绝缘手套与护目镜。

5）进行接地电阻测试仪开路检测并确认电阻阻值_____（0、∞）。

6）进行接地电阻测试仪短路检测并确认电阻_____（大于、小于）1Ω。

7）确认接地电阻测试仪上"_____"功能正常。

8）检查数字万用表的电阻量程（校零）。

4. 记录车辆信息

5. 安装车外三件套

6. 安装车内三件套

7.外检作业

1）正确检查车身状况。

2）正确检查并记录＿＿＿＿＿＿＿＿。

8.安全准备

1）完全落下驾驶人侧车窗。

2）检查确认＿＿＿＿＿＿＿＿和档位。

四、检查

作业完成后，由小组长进行如下检查：

1.检查绝缘手套密封性情况：＿＿＿＿＿＿＿＿＿＿＿＿＿＿。

2.绝缘垫测试情况：＿＿＿＿＿＿＿＿＿＿＿＿＿。

3.外检作业情况：＿＿＿＿＿＿＿＿＿＿＿＿。

4.安全准备情况：＿＿＿＿＿＿＿＿＿＿＿＿。

五、评估

1.请根据自己任务完成的情况，对自己的工作进行自我评估，并提出改进意见。

1）＿＿＿＿＿＿＿＿＿＿＿＿＿＿＿＿＿＿＿＿＿＿＿＿＿＿＿＿＿＿＿＿

＿＿＿＿＿＿＿＿＿＿＿＿＿＿＿＿＿＿＿＿＿＿＿＿＿＿＿＿＿＿＿＿＿＿

2）＿＿＿＿＿＿＿＿＿＿＿＿＿＿＿＿＿＿＿＿＿＿＿＿＿＿＿＿＿＿＿＿

＿＿＿＿＿＿＿＿＿＿＿＿＿＿＿＿＿＿＿＿＿＿＿＿＿＿＿＿＿＿＿＿＿＿

3）＿＿＿＿＿＿＿＿＿＿＿＿＿＿＿＿＿＿＿＿＿＿＿＿＿＿＿＿＿＿＿＿

＿＿＿＿＿＿＿＿＿＿＿＿＿＿＿＿＿＿＿＿＿＿＿＿＿＿＿＿＿＿＿＿＿＿

2.工单成绩（总分为自我评价、组长评价和教师评价得分值的平均值）

自 我 评 价	组 长 评 价	教 师 评 价	总　　分

任务名称	新车交付检查	学　　时	4	班　　级	
学生姓名		学生学号		任务成绩	
实训设备、工具及仪器	吉利 EV450 纯电动汽车 4 辆、新能源汽车检测设备 4 套、新能源汽车维修设备 4 套	实训场地	理实一体化教室	日　　期	
任务描述	今天成交了一辆吉利 EV450 纯电动汽车，为了确保品质与服务，主管交代小李在交车前对车辆进行规范检查。				
任务目的	能明确新车交付前检查的部位，能掌握新车交付的流程，能根据吉利 EV450 新车交付检查的内容进行规范的接车 PDI 和销售 PDI，能根据结果正确地填写检查记录单。				

一、资讯

1. 新车交付检查的目的是_____、_____、_____。

2. 作业前，操作人员必须经过_____培训，并持有国家安全局颁发的_____。

3. 交车前一天确认待交车辆的型式、颜色、附属品及基本装备是否齐全，确保外观无损伤，确认待交车辆上的_____和_____是否与车辆合格证上登记的一样，确认灯具、空调、转向灯及收音机是否操作正常，将待交车上的时间与收音机频道设定正确。

4. 销售人员持车主本人_____、_____、_____（如在本店进行汽车装潢）到财务部交款，财务部收到各款项后，开具汽车零售／增值发票。

5. 销售顾问应在客户办理完验车上牌等相关车辆手续后，为客户办理新车交付，检查车辆外观、灯光、液面、随车工具及物品等，介绍新车功能及使用常识，及售后相关知识（保养维修常识及价格，售后索赔政策，救援政策），填写"_____""_____""_____"，请客户在上面签字确认；填写保修手册，并将感谢信、保修手册、说明书交给客户。填写客户满意度调查表，由顾客签字确认。

6. 吉利 EV450 新车交付检查项目包括_____检查、_____检查、车辆底盘、路试之前、_____、路试之后和收尾步骤检查。

7. 将所有的_____、_____、_____、_____放入资料袋内，并将其交给客户。

二、计划与决策

请根据故障现象和任务要求，确定所需要的检测仪器、工具，并对小组成员进行合理分工，制订详细的工作计划。

1. 需要的检测仪器、工具

2. 小组成员分工

3. 工作计划

三、实施

1. 车身检查

1）通过目测的方法，检查车辆_____是否平整、无剐蹭，_____是否完好、无破损，轮胎是否无破损。

2）按动开关检查电动车窗_____是否正常、_____是否正常等。

3）车内、车外后视镜_____时，应无卡滞；后视镜_____、_____、_____。

4）按动中控门锁开关和电动车窗开关，相对应的车门会锁止、车窗会升降。

2. 前机舱检查

1）液位应在_____和最小_____之间，并接近最大刻度，不够则要进行补充。蓄电池正负极插头是否老化、松脱；电解液是否足量，电眼颜色应为绿色；蓄电池电压是否为_____，若不足，需及时充电，以保证车辆正常起动。

2）机舱内线束是否_____，软管是否老化、破裂。橙色线束为高压线束，检查时需要佩戴_____，否则，会发生触电危险。

3. 车辆底盘检查

1）轮胎表面有_____、胎压是否正常，若胎压明显偏低或偏高，则需要按照轮胎压力标签上所示气压值进行充气；检查轮辋及螺栓有无划伤、生锈；检查_____是否齐全等。

2）检查确认各安装螺栓和螺母已拧紧。如果使用了开口销，则需确保其安装正确。包括_____和_____、_____、_____。

3）对转向杆系的固定螺母和开口销进行目视检查和触摸检查，以确认转向杆系的固定螺母正确紧固且开口销正确安装。检查确认转向杆系的横拉杆和中间拉杆未出现弯曲而且横拉杆球头的锁紧螺母牢固拧紧。

4. 路试之前

路试之前主要检查＿＿＿＿＿＿＿＿、＿＿＿＿＿＿＿＿、空调、暖风及除霜系统、刮水器和清洗器、制动踏板和驻车制动器的状况和座椅安全带等。

1）座椅及头枕应干净，无脏污，使用材料应一致；座椅靠背角度和座椅高度应能正常调节，在调节过程中无卡顿现象。

2）检查以下部件的工作情况：喇叭、前照灯、车外灯和车内灯、仪表板等。

3）将车钥匙置于＿＿＿＿＿＿＿档，打开 A/C 开关，检查制冷、暖风功能是否正常，检查风量调节是否正常，检查各出风口是否正常，检查风量调节功能是否正常。

4）完全放松驻车制动器后拉动手柄，正常情况下棘轮的响声次数不应该超过七下。

5）将车钥匙置于 START 档，打开前后刮水器，前后刮水器进入＿＿＿＿＿＿＿＿，刮水片在玻璃上运动顺畅，无异响、跳动情况。＿＿＿＿＿＿＿＿应正常工作。

6）安全带上应无挂饰品，能够平顺拉出和自动平顺回收；迅速拉出时，安全带能够自动锁止到位，无滑动现象。

5. 路试

1）确保档位指示器在所有档位内正确排列；完全踩下加速踏板，以检查手动强制降档是否正确工作；在陡坡上停止车辆，使自动变速器处于 P 位，并慢慢松开＿＿＿＿＿＿＿＿，以检查 P 位是否保持锁止状态。如果不保持锁止状态，则需对＿＿＿＿＿＿＿＿进行进一步的维修。挂上相应档位，则会在仪表板上显示相应档位，以 D 位为例。

2）制动踏板：将车辆挂档，并在车辆行驶过程中进行制动。确保制动操作＿＿＿＿＿＿＿＿。驻车制动器：在陡坡上停止车辆；用力踩下制动踏板时，将变速器置于"N"位，并使用驻车制动器；慢慢松开＿＿＿＿＿＿＿＿，以检查驻车制动器是否保持其位置。

3）检查转向盘是否间隙过大或松动，检查转向盘的＿＿＿＿＿＿＿＿。

4）将车钥匙置于＿＿＿＿＿＿＿档，打开音响开关，应音质顺畅、无杂音。

6. 路试之后

1）在正常工作温度下检查＿＿＿＿＿＿＿＿的冷却液液位处于"F"（高）与"L"（低）标记；检查冷却系统是否泄漏；检查并确认冷却液冰点在＿＿＿＿＿＿＿＿内。

2）检查所有管路和连接；验证其正确布置，连接是否泄漏并根据需要紧固松动的插接器。

7. 车辆交接

车辆交接前检查用户手册、维修手册、合格证、钥匙、车载工具、备胎、千斤顶等行李舱随车工具，应配备齐全；对全车进行＿＿＿＿＿＿＿＿，确保车辆＿＿＿＿＿＿＿＿良好，无漏水现象。

四、检查

作业完成后，由小组长进行如下检查：

1. 车身检查情况：＿＿＿＿＿＿＿＿＿＿＿＿＿＿＿＿＿。

2. 前机舱检查情况：＿＿＿＿＿＿＿＿＿＿＿＿＿＿＿＿＿。

3. 路试之前检查情况：＿＿＿＿＿＿＿＿＿＿＿＿＿＿＿＿＿。

4. 路试、路试之后和收尾步骤检查情况：＿＿＿＿＿＿＿＿＿＿＿＿＿＿＿＿＿。

五、评估

1.请根据自己任务完成的情况，对自己的工作进行自我评估，并提出改进意见。

1) _____

_____

2) _____

_____

3) _____

_____

2.工单成绩（总分为自我评价、组长评价和教师评价得分值的平均值）

自 我 评 价	组 长 评 价	教 师 评 价	总　　　分

任务名称	动力蓄电池维护	学　时	4	班　级	
学生姓名		学生学号		任务成绩	
实训设备、工具及仪器	吉利 EV450 纯电动汽车 4 辆、新能源汽车检测设备 4 套、新能源汽车维修设备 4 套	实训场地	理实一体化教室	日　期	
任务描述	现将某品牌新能源汽车动力蓄电池进行维护，你知道如何对动力蓄电池进行维护吗？				
任务目的	能准确找到动力蓄电池、充电口及相关部件位置，能正确对新能源汽车进行快、慢充电作业，能正确检查新能源汽车充电系统，能正确对新能源汽车动力蓄电池进行维护作业。				

一、资讯

1. 目前市面上比较常见的动力蓄电池主要有_____、_____、_____、三元锂电池四种。

2. 磷酸铁锂电池的优点是_____、_____、_____、大容量、无记忆效应、重量轻、环保等。

3. 直流充电是指通过_____，将_____转化为直流电，通过充电连接装置直接给动力蓄电池充电的充电方式。

4. 交流充电（或者说家用电充电）一般指单相或三相交流电通过车内的充电器经过_____、滤波、_____校正后，转换为合适电压的直流电，进而对动力蓄电池进行充电的方式。

5. 换电技术是电动车能达到和传统燃油车加油相近速度的续驶方式，它目前已经在_____领域和_____领域得到了实现。

6. 给电动汽车电池充电并不一定要靠电缆连接，手机都已经实现了_____功能，电动汽车电池无线充电也即将实现。

7. 将一个以上电池单体按照串联、并联或串并联方式组合，且只有一对正负极_____并作为电源使用的组合体。

二、计划与决策

请根据故障现象和任务要求，确定所需要的检测仪器、工具，并对小组成员进行合理分工，制订详细的工作计划。

1. 需要的检测仪器、工具

2. 小组成员分工

3. 工作计划

三、实施

1. 外观检查

检查动力蓄电池托盘有无变形／磕碰、防撞梁有无损坏、动力蓄电池高低压插接器清洁度／腐蚀／破损／紧固情况。动力蓄电池铭牌信息：标称电压：_____，电池容量：_____。

2. 紧固检查

检查动力蓄电池总成紧固螺栓是否锈蚀及紧固情况、接地线束紧固情况。动力蓄电池紧固螺栓紧固力矩：78N·m；动力蓄电池接地线紧固情况：①力矩：9N·m；②接地电阻：实测值：0Ω，标准值：≤ 0.1Ω。

3. 动力蓄电池总成拆卸

注意：准备更换动力蓄电池前应关闭点火开关，拆下低压蓄电池负极连接线与高压母线插头，车辆举升到合适高度时，举升机要锁止_____；电池移动举升平台上升接触到动力蓄电池底部再进行_____。

1）关闭打开机舱。

2）断开蓄电池负极电缆。

3）断开直流高压母线：

a. 向上推动直流母线插头卡扣保险。

b. 拆卸直流母线连接充电器端插件。

注意：带绝缘手套用万用表测量直流母线端正负极电压低于_____。

4）支撑动力蓄电池总成：

a. 将车辆用举升机升起。

注意：举升时确保举升机的支撑点不要支撑在动力蓄电池上。

b. 置入平台车，使用平台车支撑动力蓄电池总成。

5）拆卸动力蓄电池总成：

a. 断开动力蓄电池出_____与_____的连接。

b. 断开动力蓄电池进水管与膨胀水箱的连接。

c. 断开动力蓄电池的两个高压线束插接器。

d. 断开动力蓄电池与前机舱线束的两个低压线束插接器。

e. 拆卸动力蓄电池搭铁线紧固螺栓。

f. 拆卸动力蓄电池防撞梁_____个紧固螺栓。

g. 拆卸动力蓄电池总成后部_____个紧固螺栓。

h. 拆卸动力蓄电池总成前部_____个紧固螺栓。

i. 拆卸动力蓄电池总成左右各_____个紧固螺栓。

j. 缓慢下降平台车取出动力蓄电池总成。

注意：动力蓄电池下降过程中平台车缓慢向前移动，可以避免动力蓄电池与后悬架的干涉。

4. 动力蓄电池总成安装

1）安装动力蓄电池总成：

a. 缓慢举升平台车，调整平台车位置，使动力蓄电池总成上的_____与_____对齐。

注意：动力蓄电池上升过程中降举升平台缓慢向后移动，可以避免动力蓄电池与车身的干涉。

b. 安装并紧固动力蓄电池总成后部三个紧固螺栓，力矩为_____N•m。

c. 安装并紧固动力蓄电池总成前部两个紧固螺栓，力矩为_____N•m。

d. 安装并紧固动力蓄电池总成左右各七个紧固螺栓，力矩为_____N•m。

e. 连接动力蓄电池与前机舱线束的两个线束插接器。

f. 连接动力蓄电池的两个高压线束插接器。

注意：插接时注意"一插、二响、三确认"。

g. 安装动力蓄电池搭铁线紧固螺栓，力矩为9N•m。

h. 连接动力蓄电池出水管与水泵（电池）。

i. 连接_____与_____。

注意：插接时注意"一插、二响、三确认"。

2）直流母线连接充电器端插件。

3）连接蓄电池负极电缆。

4）加入电池冷却液，进行规范排气操作。

5）关闭机舱盖。

5. 检查充电接口

检查各充电口处是否有异物、烧蚀等情况。

交流充电口安装在_____，直流充电口安装在_____。充电时，根据选择的充电类型，连接交流充电插头或者直流充电插头到相应的充电插座，连接正确后开始充电。充电口连接后形成_____，当出现连接故障时，系统可以检测该故障。

6. 检查充电指示灯

检查车辆能否正常充电及充电时仪表显示是否正常。充电指示灯位于车辆充电接口上方，用于指示不同的充电状态。任意电源档位，当BCM收到BMS的充电状态信息时，驱动充电指示灯工作，显示充电状态。

上述显示信号中，"正在充电"状态显示为即时显示，"充电完成、充电故障"显示为_____，即收到相应的状态信号时显示相应的状态_____min后自动熄灭，期间若充电状态变化（如由"充电故障"变为"正在充电"状态）则立即切换为相应的状态。

7. 检查充电口照明灯

充电口照明灯为白色，直接由 BCM 控制。

充电口照明灯控制逻辑如下：

1）当高压电池处于未充电的状态时，充电口盖打开，_____立即驱动充电口照明灯工作 3min，工作期间检测到充电枪插入 3s 后停止驱动或充电口盖关闭，则立即停止驱动充电口照明灯。

2）当充电口盖为打开状态，车门状态由关闭变为打开状态，BCM 立即驱动充电口照明灯工作 3min，工作期间当高压电池转变为充电状态 3s 后停止驱动或充电口盖关闭，则立即停止驱动充电口照明灯。

3）OFF 档时，当充电口盖为打开状态，BCM 接收到 PEPS 发送的_____，则立即驱动充电口照明灯工作 3min，工作期间如收到车辆上锁信息或充电口盖变为关闭状态，则立即驱动充电口照明灯熄灭。

4）OFF 档时，当充电口盖为打开状态，BCM 接收到 PEPS 发送的_____，则立即驱动充电口照明灯工作 3min，工作期间如收到车辆上锁信息延迟 3s 后熄灭或充电口盖变为_____，则立即驱动充电口照明灯熄灭。

5）任意情况下，充电口盖关闭或车速大于 2km/h，则立即停止驱动充电口照明灯。

四、检查

作业完成后，由小组长进行如下检查：

1. 外观检查情况：_____。

2. 紧固检查情况：_____。

3. 动力蓄电池总成拆卸情况：_____。

4. 检查充电接口情况：_____。

5. 检查充电指示灯情况：_____。

6. 检查充电口照明灯情况：_____。

五、评估

1. 请根据自己任务完成的情况，对自己的工作进行自我评估，并提出改进意见。

1）_____

_____

2）_____

_____

3）_____

_____

2. 工单成绩（总分为自我评价、组长评价和教师评价得分值的平均值）

自 我 评 价	组 长 评 价	教 师 评 价	总　　分

任务工单 2.2

任务名称	驱动系统维护	学　时	4	班　级	
学生姓名		学生学号		任务成绩	
实训设备、工具及仪器	吉利 EV450 纯电动汽车 4 辆、新能源汽车检测设备 4 套、新能源汽车维修设备 4 套	实训场地	理实一体化教室	日　期	
任务描述	一辆新能源汽车需要对车辆的驱动系统进行维护，你知道维护主要包括哪些内容吗？在维护过程中的注意事项是什么？				
任务目的	能正确找出驱动系统各部件位置及相关高压线束，能正确对驱动电机、电机控制器进行维护，能正确对减速驱动桥进行换油作业，能正确检查驱动电机紧固螺栓。				

一、资讯

1. 驱动系统应符合：瞬时功率_____（大、小），短时过载能力强，以满足爬坡及加速的需要；调速范围_____；在运行的全部速度范围和负载范围内有较高的效率。也就是在电机所有工作范围内综合效率_____，以尽量提高电动汽车一次续驶里程；可靠性高，使用方便简单，价格低廉；功率密度高，体积_____，重量轻。

2. 目前对于电动汽车性能的评定，主要是考虑三个性能指标：_____（km）、加速能力（s）、_____（km/h）。

3. 电动汽车经常采用的驱动电机有直流电机、_____、永磁同步电机和_____电机四类。

4. 吉利 EV450 纯电动汽车驱动系统主要由驱动电机、_____和减速器等高压部件组成，搭载的永磁同步电机最大功率为 120kW，最大转矩为_____N·m，电池容量为_____kW·h，工信部测得的纯电续驶里程为_____km。

5. _____介于驱动电机和驱动半轴之间，驱动电机的动力输出轴通过花键直接与减速器输入轴齿轮连接。一方面减速器将驱动电机的动力传给驱动半轴，起到_____的作用，另一方面满足汽车转弯及在不平路面上行驶时，左右驱动轮以不同的转速旋转，保证车辆的平稳运行。

6. 驱动电机由前端盖、后端盖、定子壳体总成、_____总成、轴承和低压插接件组成。

7. 电机控制器内部包含_____个 DC/AC 逆变器和_____个 DC/DC 直流转换器，逆变器由 IGBT、直流母线电容、驱动和控制电路板等组成，实现直流（可变的电压、电流）与交流（可变的电压、电流、频率）之间的转变。

8. 吉利 EV450 纯电动汽车采用单速比减速器，只有一个_____档、一个_____档、一个空档和一个驻车档。

二、计划与决策

请根据故障现象和任务要求，确定所需要的检测仪器、工具，并对小组成员进行合理分工，制订详细的工作计划。

1.需要的检测仪器、工具

2.小组成员分工

3.工作计划

三、实施

1.驱动电机的维护

（1）日常维护　日常维护包括清洁、紧固、检查、补充。

1）清洁：_____。

2）紧固：_____。

3）检查：_____。

4）补充：_____。

（2）定期维护　驱动电机的定期维护包括安全防护、绝缘检查、电机和电机控制器冷却系统检查和外部检查。

1）安全防护。

目的：检查外观有无磕碰、损坏。

方法：_____。

2）绝缘检查。

目的：防止驱动电机短路。

方法：_____。

3）电机和电机控制器冷却系统检查。

目的：检查电机与电机控制器冷却液循环制冷效果。

方法：_____。

4）外部检查。

目的：清洁电机及电机控制器表面。

方法：_____。

2.减速器的维护

1）检查减速驱动桥_____（是、否）漏油。

2）减速器油位检查。

a. 举升车辆。

b. 检查减速器油位。

c. 将车辆水平放置，并让减速器内部的油冷却，拆卸加注孔螺塞并检查油位。

d. 减速器油面应该与加注孔下缘齐平。

注意：如果液面过低，通过加注孔螺塞添加专用的减速器油，直到油液开始流出。

e. 重新安装并紧固_____螺塞，力矩为_____N·m。

3）减速器油的加注和更换。

注意：加注减速器油时，车辆应停放在_____路面上。

a. 举升车辆。

b. 拆卸机舱底部护板总成。

c. 拆卸减速器加油螺塞。

d. 拆卸减速器_____（加油、放油）螺塞。

e. 拆卸减速器放油螺塞，用回收容器接收放出的减速器油。

f. 安装减速器放油螺塞，力矩为_____N·m（公制）。

g. 加注孔螺塞添加专用的减速器油，直到油液开始流出，参考用量：（1.7±0.1）L。

h. 重新安装并紧固加注孔螺塞，力矩为_____N·m。

4）安装机舱底部护板总成。

5）放下车辆。

四、检查

作业完成后，由小组长进行如下检查：

1. 检查螺栓紧固情况：_____。

2. 流程完整性：_____。

3. 安全准备情况：_____。

五、评估

1. 请根据自己任务完成的情况，对自己的工作进行自我评估，并提出改进意见。

1）_____

_____

2）_____

_____

3）_____

_____

2. 工单成绩（总分为自我评价、组长评价和教师评价得分值的平均值）

自 我 评 价	组 长 评 价	教 师 评 价	总　　分

任务工单 2.3

任务名称	冷却系统维护	学 时	4	班 级	
学生姓名		学生学号		任务成绩	
实训设备、工具及仪器	吉利 EV450 纯电动汽车 4 辆、新能源汽车检测设备 4 套、新能源汽车维修设备 4 套	实训场地	理实一体化教室	日 期	
任务描述	一辆新能源汽车需要对车辆的冷却系统进行维护,你知道维护主要包括哪些内容吗?在维护过程中的注意事项是什么?				
任务目的	能说出冷却系统的组成和各部件的作用,能正确找出冷却系统各部件位置及高压线束,能正确添加或更换冷却液,能正确对冷却液进行冰点测试,能正确更换电动水泵。				

一、资讯

1. 汽车的冷却系统是保证汽车动力驱动系统性能的重要部分,是＿＿＿＿＿＿、驱动系统能够正常工作的重要基础,冷却系统的技术水平及工作状况直接影响汽车性能指标。

2. 新能源汽车(＿＿＿＿＿＿和混合动力电动汽车)的动力蓄电池、＿＿＿＿＿、电机控制器等部件在工作中会产生大量的热量,部件的过热会严重影响其工作性能。

3. 动力蓄电池组最佳工作温度为＿＿＿℃,温度并非越低越好,在低温的环境下需要对＿＿＿＿进行加热,保持合适的工作温度,因此新能源汽车与传统汽车一样,也必须采用冷却系统。

4. 冷却系统的作用就是通过冷却液循环散热,为＿＿＿＿＿、车载充电器(如配备)、电机控制器、＿＿＿＿等部件进行散热。冷却系统(电机/电池)有＿＿＿＿个电动水泵,电动水泵由＿＿＿＿(低压、高压)电路驱动,为冷却液的循环提供压力。

5. 车载充电器(如配备)工作时将高压＿＿＿(交、直)流电转化成高压＿＿＿(交、直)流电,其转化过程中会产生大量的＿＿＿＿＿,因此车载充电器内部也有冷却液道,通过冷却液的循环降低车载充电器的工作温度。

6. 高压电池工作＿＿＿＿大,产热量大,同时电池包处于一个相对封闭的环境,就会导致电池的温度＿＿＿＿(上升、下降)。通过冷却液的循环降低动力蓄电池的工作温度。

二、计划与决策

请根据故障现象和任务要求，确定所需要的检测仪器、工具，并对小组成员进行合理分工，制订详细的工作计划。

1. 需要的检测仪器、工具

2. 小组成员分工

3. 工作计划

三、实施

1. 冷却液检查（电池）

1）查看储液罐液面，液面位置应该保持在_____和_____之间。

2）拧开加注口盖，查看冷却液颜色是否混浊。

注意：

a. 缓慢旋开_____，散热时切勿揭开，以免烫伤。

b. 如果冷却液不在规定范围内，应该添加，如果冷却液颜色混浊或冰点不符合要求，则应更换。

2. 冷却液更换（电池）

1）更换冷却液。

a. 打开_____总成盖。

b. 断开散热器出水管，用回收容器接收流出的_____。

注意：集中回收处理动力蓄电池冷却液，等待_____或再生利用，不要将旧高压电池冷却液排入下水管道，保护环境。

2）加注冷却液。

a. 连接散热器_____（进、出）水管。

b. 管路检查：确保冷却管路连接完整。

c. 静态加注：将车辆起动至_____档且非充电状态，连接解码仪，选择吉利 EV450 车型→_____→特殊功能，选择加注初始化，车辆处于加注初始化状态。

d. 拧开膨胀水箱盖，缓慢加注冷却液，直至膨胀水箱内冷却液量达到_____% 左右，且液位不再下降。

注意：动力蓄电池需选用冰点≤_____℃的冷却液。

e. 系统排气：控制解码仪，使车辆处于_____状态，如果液位下降及时补充冷却液，排气过程时长不小于 10min。

f. 观察膨胀水箱内冷却液下降，及时补充冷却液，保持冷却液液位处于_____和 MIN 之间。

g. 加注完成：拧紧膨胀水箱盖，控制解码仪，使车辆恢复默认模式。

3.电动水泵（电机）的拆卸
1）打开前机舱盖。
2）断开蓄电池_____（正、负）极电缆。
3）拆卸电动水泵。
a.断开电动水泵线束插接器。
b.拆卸环箍，脱开散热器_____（进、出）水管（电动水泵侧）。
c.拆卸环箍，脱开电机控制器总成_____（进、出）水管（电动水泵侧）。
d.拆卸电动水泵螺栓。
注意：水管脱开前请在车辆底部放置容器，接住冷却液，以免污染地面。

四、检查

作业完成后，由小组长进行如下检查：
1.检查螺栓紧固情况：_____。
2.流程完整性：_____。
3.安全准备情况：_____。

五、评估

1.请根据自己任务完成的情况，对自己的工作进行自我评估，并提出改进意见。
1）_____

_____

2）_____

_____

3）_____

_____

2.工单成绩（总分为自我评价、组长评价和教师评价得分值的平均值）

自 我 评 价	组 长 评 价	教 师 评 价	总　　分

任务工单　3.1

任务名称	转向系统维护	学　　时	4	班　　级	
学生姓名		学生学号		任务成绩	
实训设备、工具及仪器	吉利 EV450 纯电动汽车 4 辆、新能源汽车检测设备 4 套、新能源汽车维修设备 4 套	实训场地	理实一体化教室	日　　期	
任务描述	一辆新能源汽车需要检查转向系统，且客户主诉在打转向盘时有异响，你知道新能源汽车转向系统需要检查哪些项目吗？				
任务目的	能正确找出转向系统零部件的位置，能正确更换电动助力转向器防尘套，能正确对转向盘进行更换，能正确对转向系统进行维护，能正确检查转向器防尘罩与球头情况。				

一、资讯

1. 在汽车的发展历程中，转向系统经历了四个发展阶段：从最初的＿＿＿＿＿＿＿＿＿发展为＿＿＿＿＿＿＿＿＿，然后又出现了＿＿＿＿＿＿＿＿＿和电动助力转向系统。

2. 吉利 EV450 纯电动汽车转向系统由＿＿＿＿＿＿＿＿＿直接提供转向助力，省去了液压动力转向系统所必需的动力转向＿＿＿＿＿＿、软管、液压油、传送带和装于传统发动机上的带轮，既节省能量，又保护了环境。

3. 汽车转向系统常见的助力转向有机械液压助力、＿＿＿＿＿＿＿＿＿和电动助力三种。

4. 电动助力转向系统由＿＿＿＿＿＿＿＿＿、车速传感器、助力机械装置、＿＿＿＿＿＿＿＿＿及微处理器控制单元组成。

5. 驾驶人在操纵转向盘进行转向时，＿＿＿＿＿＿＿＿检测到转向盘的转向以及转矩的大小，将电压信号输送到＿＿＿＿＿＿＿＿＿，电子控制单元根据转矩传感器检测到的转矩＿＿＿＿＿＿＿＿＿、转动方向和＿＿＿＿＿＿＿＿＿等，向电动机控制器发出指令，使电动机输出相应大小和方向的转向助力转矩，从而产生辅助动力。

6. 电动助力转向系统是一种直接依靠电机提供辅助转矩的动力转向系统，与传统的液压助力转向系统相比，电动助力转向系统具有很多优点。电动助力转向系统主要由转矩传感器、＿＿＿＿＿＿＿＿＿、电动机、减速机构和＿＿＿＿＿＿＿＿＿等组成。

二、计划与决策

请根据故障现象和任务要求，确定所需要的检测仪器、工具，并对小组成员进行合理分工，制订详细的工作计划。

1.需要的检测仪器、工具

2.小组成员分工

3.工作计划

三、实施

1.汽车电动助力转向器防尘套更换

（1）拆卸程序

1）拆卸_____。

2）拆卸转向横拉杆和_____。

3）拆卸_____防尘套。

a.拆卸电动助力转向器防尘套_____（内、外）侧固定卡箍。

b.拆卸电动助力转向器防尘套_____（内、外）侧固定卡箍。

c.拆卸电动助力转向器防尘套。

（2）安装程序

1）安装转向横拉杆和球头。

a.安装_____防尘套。

b.安装转向器防尘套_____（内、外）侧固定卡箍。

c.安装转向器防尘套_____（内、外）侧固定卡箍。

2）安装转向横拉杆和_____。

3）安装_____。

4）调整_____。

5）放下车辆。

2.汽车转向盘更换

（1）拆卸程序

1）断开蓄电池负极电缆。

注意：在蓄电池负极断开_____s后再进行拆卸工作。

2）拆卸驾驶人安全气囊。

3）拆卸转向盘。

a.拆卸_____。

b.拔出转向盘。

（2）安装程序

1）安装转向盘。

a. 使前轮处于正前方，安装转向盘。

b. 紧固转向盘固定螺母，力矩为＿＿＿＿＿＿＿＿ N·m。

2）安装驾驶人侧安全气囊。

3）连接蓄电池负极电缆。

转向管柱不仅具有转向功能，而且还具有＿＿＿＿＿＿＿作用。为确保转向管柱的能量吸收作用，必须使用规定的螺钉、螺栓和螺母，并紧固至规定力矩。能量吸收管柱在遇到前端碰撞时溃缩，从而减少驾驶人受伤的机会。

四、检查

作业完成后，由小组长进行如下检查：

1. 检查螺栓紧固情况：＿＿＿＿＿＿＿＿＿＿＿＿＿＿＿＿＿＿。

2. 流程完整性：＿＿＿＿＿＿＿＿＿＿＿＿＿＿＿＿＿＿＿。

3. 安全准备情况：＿＿＿＿＿＿＿＿＿＿＿＿＿＿＿＿。

五、评估

1. 请根据自己任务完成的情况，对自己的工作进行自我评估，并提出改进意见。

1）＿＿＿＿＿＿＿＿＿＿＿＿＿＿＿＿＿＿＿＿＿＿＿＿＿＿＿＿＿＿＿＿＿＿＿＿＿

＿＿＿＿＿＿＿＿＿＿＿＿＿＿＿＿＿＿＿＿＿＿＿＿＿＿＿＿＿＿＿＿＿＿＿＿＿＿

2）＿＿＿＿＿＿＿＿＿＿＿＿＿＿＿＿＿＿＿＿＿＿＿＿＿＿＿＿＿＿＿＿＿＿＿＿＿

＿＿＿＿＿＿＿＿＿＿＿＿＿＿＿＿＿＿＿＿＿＿＿＿＿＿＿＿＿＿＿＿＿＿＿＿＿＿

3）＿＿＿＿＿＿＿＿＿＿＿＿＿＿＿＿＿＿＿＿＿＿＿＿＿＿＿＿＿＿＿＿＿＿＿＿＿

＿＿＿＿＿＿＿＿＿＿＿＿＿＿＿＿＿＿＿＿＿＿＿＿＿＿＿＿＿＿＿＿＿＿＿＿＿＿

2. 工单成绩（总分为自我评价、组长评价和教师评价得分值的平均值）

自 我 评 价	组 长 评 价	教 师 评 价	总　　分

任务名称	制动系统维护	学　时	4	班　级	
学生姓名		学生学号		任务成绩	
实训设备、工具及仪器	吉利 EV450 纯电动汽车 4 辆、新能源汽车检测设备 4 套、新能源汽车维修设备 4 套	实训场地	理实一体化教室	日　期	
任务描述	一辆新能源汽车需要检查底盘系统，且客户主诉车辆制动液需要更换，你知道更换制动液的方法吗？在更换过程中需要注意哪些内容吗？				
任务目的	能正确说出制动系统的功用和分类，能正确找出制动系统相关零部件，能正确对制动系统进行保养作业，能熟练操作更换制动液的流程。				

一、资讯

1. 制动系统主要由_____装置、_____装置、_____装置和制动器四部分组成。

2. 制动系统的主要功用是_____，使下坡行驶的汽车速度保持稳定，_____。

3. 制动系统按功用可分为_____制动系统、_____制动系统、_____制动系统和辅助制动系统。

4. 吉利 EV450 纯电动汽车制动系统由制动器、_____、制动总泵、_____、电子驻车制动（EPB）、真空罐和_____等组成。

5. 该制动系统采用_____式前制动器、实心盘式后制动器的结构，配备了带有 EBD 的 ESC 制动控制系统和真空助力管理系统，制动助力能通过制动执行器实现制动控制。

6. 用_____或类似的制动器清洗剂清洗制动盘摩擦面。

7. 用测微计测量并记录沿制动盘圆周均匀分布的_____个或_____个以上位置点的最小厚度，必须确保仅在制动衬块衬面接触区域内进行测量，且每次测量时测微计与制动盘外边缘的距离必须相等。

二、计划与决策

请根据故障现象和任务要求，确定所需要的检测仪器、工具，并对小组成员进行合理分工，制订详细的工作计划。

1. 需要的检测仪器、工具

2. 小组成员分工

3. 工作计划

三、实施

1. 打开车门，安装三件套。

2. 打开机舱盖，安装翼子板布及前格栅布。

3. 打开_____并取出滤网。

4. 清洁吸液管路表面后将_____软管插入制动液储液罐。

5. 按下_____开关，将储液罐内的制动液抽出。

6. 补充新制动液_____（制动液型号）至储液罐适宜高度。

7. 安装制动液加注罐。

8. 举升车辆。

9. 取下右后制动分泵放油口_____。

10. 将_____套在制动分泵放油螺栓上。

11. 将放油口连接器插入到_____软管。

12. 将吸液管路连接到_____放油口上。

13. 拧松_____螺栓。

14. 按下制动液抽吸机开关，将旧制动液吸出，此时吸液管路呈_____或混浊的颜色，当看到有接近透明的新制动液流出时即可。

15. 拧紧放油口螺栓至规定扭矩。

16. 将连接器与制动分泵放油口分离，取下放油扳手。

17. 关闭_____开关。

18. 安装右后制动分泵放油口防尘罩。

19. 用同样的方法更换其余三个车轮制动管路中的制动液。

20. 降下车辆；踩下制动踏板数次，应感觉制动踏板沉重；如果感觉不沉重则说明_____，需要重复上述过程排气；举升车辆；检查各轮制动分泵放油口_____（有、无）漏油，如果有漏油则视情况处理；降下车辆；取下制动液加注罐；安装_____、储液罐加注口盖；取下翼子板布及前格栅布，关闭机舱盖；取下三件套。

注：如果没有制动液加注罐时，更换完右后轮制动液后需_____，然后按左后、右前、左前的顺序进行更换制动液，而且每更换一个车轮都要降下车辆补充制动液。

四、检查

作业完成后，由小组长进行如下检查：

1. 检查螺栓紧固情况：_____。

2. 流程完整性：_____。

3. 安全准备情况：_____。

五、评估

1. 请根据自己任务完成的情况，对自己的工作进行自我评估，并提出改进意见。

1)_____
_____

2)_____
_____

3)_____
_____

2. 工单成绩（总分为自我评价、组长评价和教师评价得分值的平均值）

自我评价	组长评价	教师评价	总　　分

任务工单 3.3

任务名称	空调系统维护	学　时	4	班　级	
学生姓名		学生学号		任务成绩	
实训设备、工具及仪器	吉利 EV450 纯电动汽车 4 辆、新能源汽车检测设备 4 套、新能源汽车维修设备 4 套	实训场地	理实一体化教室	日　期	
任务描述	一辆新能源汽车需要对空调系统进行维护，你知道新能源汽车空调系统维护内容有哪些吗？				
任务目的	能正确使用空调系统，能快速找到空调系统各部件的位置，能完成更换空调滤芯的流程，能正确检查空调制冷和供暖的效能。				

一、资讯

1. 汽车空调系统是实现对车厢内空气进行_____、加热、_____和空气净化的装置。它可以为乘车人员提供舒适的乘车环境，降低驾驶人的疲劳强度，提高行车安全。

2. 汽车空调装置的制冷系统都是采用蒸气压缩式制冷原理，它主要由_____、_____、膨胀阀和_____四个主要部件组成，并用管路连接成一个封闭的循环系统。

3. _____是汽车空调制冷系统的"心脏"，其作用是维持制冷剂在制冷系统中的循环，吸入来自蒸发器的_____制冷剂蒸气，压缩制冷剂蒸气使其压力和温度升高，并将制冷剂蒸气送往冷凝器。

4. _____最重要的作用就是完成制冷系统的热量交换。冷凝器是汽车空调中的_____（散热/制冷）装置，将压缩机压缩过程中制冷剂产生的热量散发到车外，使压缩机出来的高温高压气体变为中温高压液体。

5. 储液干燥器用于膨胀阀式制冷循环，其具体作用主要是：_____，接收从冷凝器来的液体并加以储存，根据蒸发器的需要提供所需制冷剂量。

6. 膨胀阀的作用是_____，高温高压的液态制冷剂经过膨胀阀的节流孔节流后，成为低温低压的雾状制冷剂，为制冷剂的蒸发创造条件；控制制冷剂的流量，进入蒸发器的液态制冷剂经过蒸发器后，制冷剂由液态蒸发为气态，吸收热量，降低车内的温度。

7. _____的作用是将从膨胀阀出来的低压制冷剂蒸发而吸收车内空气的热量，从而达到车内降温的目的。

8. 制冷主要经过_____过程、_____过程、_____过程、_____过程。

9. 热水取暖系统主要由_____、水阀、_____、控制面板等组成。

二、计划与决策

请根据故障现象和任务要求，确定所需要的检测仪器、工具，并对小组成员进行合理分工，制订详细的工作计划。

1. 需要的检测仪器、工具

2. 小组成员分工

3. 工作计划

三、实施

1. 暖风效果检查

1）打开车门并安装三件套。

2）点火开关置于"_____"位置。

3）按下_____开关。

4）将冷暖风调节旋钮旋至_____位置。

5）将出风口调至最_____（大、小）位置。

6）检查各出风口_____（有、无）暖风。

7）暖风功能打开后工作几分钟，检查吹出的风有无焦煳等异味，如有，则建议客户进行维修。

8）关闭空调开关。

9）关闭点火开关并拔下钥匙。

10）取下三件套并关闭车门。

2. PTC 电动水泵总成更换

1）打开前机舱盖。

2）断开蓄电池_____（正、负）极电缆。

3）拆卸_____水泵。

a. 断开 PTC 电动水泵线束连接插头。

b. 拆卸 PTC 电动水泵暖风_____环箍，脱开 PTC 电动水泵暖风出水管。

c. 拆卸 PTC 电动水泵_____环箍，脱开 PTC 电动水泵进水管。

d. 拆卸 PTC 电动水泵支架_____个固定螺母，取下 PTC 电动水泵总成。

4）安装流程与拆卸流程完全相反。

四、检查

作业完成后，由小组长进行如下检查：

1. 检查螺栓紧固情况：_____。

2. 绝缘垫测试情况：_____。

3. 安全准备情况：_____。

五、评估

1. 请根据自己任务完成的情况，对自己的工作进行自我评估，并提出改进意见。

1) _____

_____

2) _____

_____

3) _____

_____

2. 工单成绩（总分为自我评价、组长评价和教师评价得分值的平均值）

自 我 评 价	组 长 评 价	教 师 评 价	总　　分